Familienradeln in Oberbayern und über die Alpen

Die schönsten Fahrradtouren für die ganze Familie

Manuela Hochbaum

J. BERG

INHALTSVERZEICHNIS

Alle Fahrrad-Touren mit Kind(ern) im Überblick

Touren in Oberbayern

INHALTSVERZEICHNIS

Transalp-Infos

Transalp-Touren

Transalp-Variante

VORWORT

Liebe Leserinnen und Leser,

Radeln mit Kindern kann so divers sein, wie es unsere Kinder selbst sind. Wir radeln zur Schule, zum Kindergarten, zum Vergnügen, zum Freundetreffen, zur Oma und zur Eisdiele.

Was dabei heute gut funktioniert, klappt morgen plötzlich nicht mehr und ist übermorgen dann doch wieder die beste Lösung. In unserer Familie gibt es fünf Radler*innen mit unterschiedlich starken Beinen. Für jedes dieser Beinpaare die Radtour zu finden, die wirklich Vergnügen bereitet, kann schwierig sein, aber oft gelingt es auch, wenn wir die richtigen Kompromisse für uns suchen.

Ja, der Teenie ist oft unterfordert, wenn er sich nicht auspowern kann.

Ja, das Grundschulkind ist stark gefordert, wenn es lange Strecken selbst bewältigen soll.

Ja, das Kleinkind ist irgendwann gelangweilt, wenn es die ganze Zeit hinten auf dem Fahrrad sitzt.

Und ja, auch wir Eltern sind teils unter- oder überfordert, wenn das Setup nicht stimmt oder die Kinder nicht zufrieden sind.

All diese Bedürfnisse machen oft den Unterschied zwischen erfolgreichen und nicht erfolgreichen Familien-Radel-Ausflügen. Daher ist dieses Buch ein Versuch, Familien in unterschiedlichsten Konstellationen mit den unterschiedlichsten Bedürfnissen abzuholen und zum Radfahren zu ermuntern: auf den vielleicht schönsten Strecken überhaupt – in Oberbayern!

Wir selbst sind eine Patchwork-Familie mit drei Kindern (14, 8 und 2 Jahre alt) und kennen die unterschiedlichsten Schwierigkeiten, die mit Kindern auftreten können. Über die letzten vier Jahre hat sich unser Familien-Hobby so immens weiterentwickelt, dass das Radfahren immer mehr zu einer Lebenseinstellung wurde. Sind wir zunächst innerorts keine Strecken mehr mit dem Auto gefahren, haben wir es in diesem Jahr tatsächlich geschafft, komplett autofrei in Oberbayern zu leben und sogar unsere Urlaube auf dem Rad zu verbringen.

Neben den Vorteilen, die die ganze Radelei für die körperliche Gesundheit hat, ist uns vor allem der Einfluss auf die mentale Gesundheit wichtig. Wir alle sind viel glücklicher und zufriedener, wenn wir viel Zeit draußen im Sattel verbringen, und das sollte jede*r für sich in Anspruch nehmen können.

Also: Auf die Räder, radeln … und glücklich!

Pizza & Pedale –
schöner kann das
Leben nicht sein.

Tourenfinder

Start – Ziel												
1	Wolfratshausen	leicht	13 km	40 Hm	0.45 Std.		✓		✓			✓
2	Sauerlach	leicht	14 km	90 Hm	1 Std.		✓	✓	✓	✓		✓
3	Starnberg	leicht	14 km	120 Hm	1 Std.	✓	✓	✓	✓	✓	✓	
4	Bad Tölz	leicht	20 km	190 Hm	1.30 Std.		✓	✓	✓	✓	✓	
5	Murnau	leicht	22 km	150 Hm	1.30 Std.	✓	✓	✓	✓		✓	
6	Tegernsee	leicht	22 km	170 Hm	1.30 Std.	✓	✓	✓	✓	✓	✓	
7	Mittenwald	leicht	23 km	170 Hm	1.30 Std.		✓	✓	✓		✓	
8	Eschenlohe	leicht	25 km	130 Hm	1.45 Std.		✓	✓	✓	✓	✓	
9	Weilheim	mittel	26 km	190 Hm	1.45 Std.		✓	✓	✓		✓	
10	Wolfratshausen	mittel	27 km	130 Hm	1.45 Std.	✓	✓	✓	✓	✓		✓
11	Sindelsdorf	mittel	32 km	100 Hm	2.15 Std.	✓	✓	✓	✓	✓	✓	
12	Altenau	schwer	25 km	310 Hm	1.45 Std.	✓		✓	✓		✓	
13	Miesbach – Osterhofen	schwer	28 km	290 Hm	2 Std.	✓		✓	✓		✓	
14	Penzberg	schwer	33 km	250 Hm	2.15 Std.	✓	✓		✓			✓

Mit dem E-Bike geht prinzipiell jede Tour ... sofern der Akku durchhält!

Das Wetter stets im Blick behalten!

Einmal im Radelfieber sind wir nicht mehr zu stoppen!

	Start – Ziel											
15	Murnau	schwer	36 km	250 Hm	2.30 Std.	✓	✓		✓	✓	✓	
16	Prien	schwer	32 km	470 Hm	3 Std.	✓	✓	✓	✓		✓	
T1	Penzberg – Schmölz	schwer	45 km	290 Hm	3 Std.		✓	✓	✓	✓	✓	
T2	Schmölz – Nassereith	schwer	45 km	680 Hm	4 Std.			✓	✓			✓
T3	Nassereith – Prutz	schwer	51 km	480 Hm	3.30 Std.		✓	✓	✓			✓
T4	Prutz – Pfunds	leicht	22 km	290 Hm	1.30 Std.	✓	✓	✓	✓		✓	
T5	Pfunds – Mals	schwer	44 km	810 Hm	3.30 Std.	✓		✓	✓	✓	✓	
T6	Mals – Naturns	schwer	49 km	170 Hm	2.45 Std.	✓	✓	✓	✓	✓	✓	
T7	Naturns – Kalterer See	schwer	63 km	120 Hm	3.30 Std.	✓	✓	✓	✓		✓	
T8	Kalterer See – Trient	schwer	52 km	130 Hm	3 Std.		✓	✓	✓	✓	✓	
T9	Trient – Riva del Garda	schwer	48 km	250 Hm	3 Std.	✓	✓	✓	✓	✓	✓	
V1	Penzberg – Achenkirch	schwer	60 km	600 Hm	4 Std.	✓		✓	✓			✓
V2	Achenkirch – Hall in Tirol	schwer	51 km	190 Hm	3 Std.		✓	✓	✓	✓	✓	
V3	Hall in Tirol – Imst	schwer	72 km	370 Hm	4.30 Std.			✓	✓		✓	

Nach dem Strampeln dann Dolce Vita!

Eis – der Treibstoff für fleißige Radler*innen

Wie motiviere ich mein Kind?

In unserer Familie gibt es drei Kinder, die ich hier der Einfachheit halber gerne als K1, K2 und K3 bezeichnen würde. Diese drei Kinder sind in ihrer Persönlichkeit, ihren Ansprüchen und ihrer Motivation so unterschiedlich, wie sie nur sein könnten.

Es gibt Kinder wie K3 (2 Jahre alt), die man nicht motivieren muss. Kinder, die sich über jede Aktivität und jedes bisschen Bewegung so sehr freuen, dass sie glücklich den ganzen Tag auf dem (Lauf-)Rad sitzen und am Abend noch immer Bäume ausreißen können.

Dann gibt es Kinder wie K2 (8 Jahre alt), die sich initial sehr gerne aufs Rad setzen, aber schnell die Begeisterung daran verlieren, wenn es anspruchsvoll wird, oder sich langweilen.

Und zu guter Letzt gibt es auch Kinder wie K1 (14 Jahre alt), die man wirklich nur mit viel Überzeugungsarbeit vor die Tür bekommt, die dann aber plötzlich überglücklich sind, unterwegs zu sein.

Diese Kinder zu motivieren, sie bei Laune zu halten und anzuspornen, kostet nicht nur elterliche Ausdauer, Energie und jede Menge Geduld, nein, manchmal braucht es dazu auch strategisches Denken, Entertainmentfähigkeiten, Bestechung und in unserem Fall etwa 60 Müsliriegel.

DIE INITIALMOTIVATION: Wie bekomme ich mein Kind aufs Rad?

Bei manchen Kindern zieht ganz klassisch: Nicht der Weg, nein, das Ziel ist das Ziel! Also suchen wir uns kindgerechte Ziele. Spielplatz X, Badesee Y, Eisdiele Z. Das funktioniert im Alltag oft sehr gut.

Bin ich selbst motiviert, fällt mir die Motivation der Kinder leicht.

Auf Radreise war das für uns nicht ganz so einfach. So, wie wir unsere Reisen angegangen sind, hatten wir morgens zwar eine grobe Idee, wo der Tag enden sollte, aber richtig in Stein gemeißelt war das nicht, sodass wir da keinerlei Versprechungen machen konnten. Für K2 war auch das endgültige Ziel – der Gardasee – zu abstrakt, als dass es sich lediglich dadurch aufs Rad hätte locken lassen.

Daher haben wir unsere Kinder gefragt, was für sie die Rahmenbedingungen wären, um eine solche Reise zu beginnen

Croissants können sehr motivierend sein.

Manchmal hilft aber nur der Abschleppdienst.

und durchhalten zu können. Wir bekamen eine klare Ansage: Es wird jeden Tag ein Eis und eine Pizza gegessen! Funktioniert möglicherweise nicht für alle Familien, aber bei unseren Kindern war das ein super Motivator. Wer fleißig radelt, muss auch gut essen, um am nächsten Tag wieder Power zu haben.

DAS BEI-DER-STANGE-HALTEN: Wie ziehe ich mein Kind durch eine Durststrecke?

K2 fährt gerne Rad, ist aber sehr schnell gelangweilt, wenn während der Fahrt nichts passiert. Lange Anstiege, wie die Norbertshöhe, fordern K2 und es ist super motiviert.

Langweilige Strecken oder bekannte Wege sind dann vom Kopf her plötzlich schwieriger als die wirklich sportlich anspruchsvollen. Also spielen wir. Alles, was man sich vorstellen kann.

Von »Ich sehe was, was du nicht siehst« über »Welches Tier bin ich« bis »Ich sage ein Wort aus Kategorie X und du musst mit dem letzten Buchstaben ein neues Wort bilden«.

Manchmal üben wir auch Kopfrechnen und, siehe da, es läuft. Der Kopf des Kindes ist dann so beschäftigt, dass die Beine automatisch weitertreten.

Auf einer mehrtägigen Radreise ist das noch mal etwas anderes. Kein Elternteil der Welt schafft es, 14 Tage am Stück »Ich sehe was, was du nicht siehst« zu spielen. Wir wollen ja auch, dass es für uns irgendwo Urlaub ist und wir nicht mental zermürbt werden. Da hatten wir das Glück, uns mit dem großen K1 abwechseln zu können.

So ließ K1 sich schon mal von K2 fangen, es wurde in Ketten überholt (der letzte der Kolonne muss den ersten einholen etc. pp.) und sich gegenseitig Witze erzählt.

Und manchmal, wenn absolut gar nichts mehr ging, gab es eine Tüte Weingummi in die Lenkertasche und K2 durfte sich und alle anderen damit versorgen, denn nichts zieht beim Radeln mehr runter als müde Beine.

Am Ende muss man deutlich sagen, dass es Tage gibt, an denen wir Erwachsenen selbst nicht die mentale Kapazität haben, um uns für die Motivation unserer Kinder ein Bein auszureißen, und das ist auch okay so. Dann fahren wir mal kein Rad. Daher haben wir unsere Radreisen nicht auf den Tag genau geplant. Man braucht Puffertage, die es einem ermöglichen, sich keinen Zeitdruck zu machen und zu entspannen.

Wie nehme ich mein Kind mit?

Und damit kommen wir schon zu der eigentlich schwierigsten und individuellsten Frage überhaupt. Was funktioniert für uns und wie wollen wir radeln?

Um diese Frage zu beantworten, würde ich hier gerne kurz auf ein paar gängige Kindertransport-Möglichkeiten eingehen.

Wie nehme ich mein Kind mit, solange es noch nicht selbst radeln kann?

Je nach Alter des Kindes kann man verschiedene Sachen ausprobieren. Wenn man mit einem Baby beginnt, auf Touren zu gehen, empfehlen sich zuerst gut gefederte Fahrradanhänger mit Babyhängematte. Dabei braucht man sich kaum Sorgen um den Komfort des Nachwuchses zu machen. Nachteil jedoch ist, dass der Anhänger eher unkommunikativ ist, sofern kein Geschwisterchen zur Unterhaltung daneben sitzt, und man relativ wenig vom Nachwuchs mitbekommt.

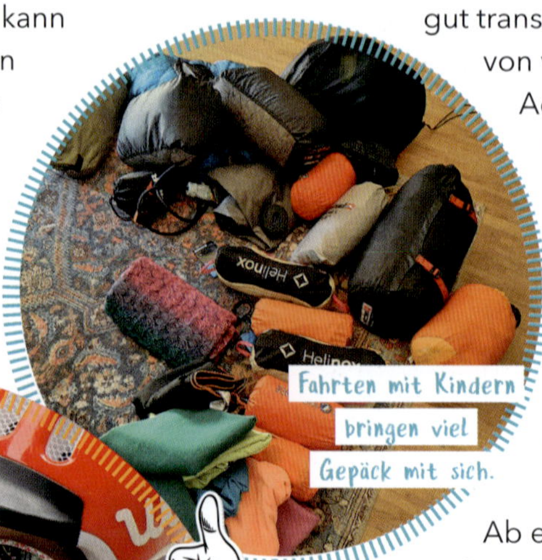

Fahrten mit Kindern bringen viel Gepäck mit sich.

Das Tragetuch als Allround-Geheimwaffe

Wer das Privileg hat, ein Lastenrad nutzen zu können, kann damit auch sein Baby sehr gut transportieren. Hierfür gibt es von verschiedenen Anbietern Adapter, um zum Beispiel für kürzere Strecken den Maxi-Cosi installieren zu können. Von manchen Herstellern gibt es ebenfalls geprüfte Babyschalen, die sich im Lastenrad installieren lassen.

Ab etwa neun Monaten, beziehungsweise dem Zeitpunkt, an dem das Kind selbstständig aufrecht sitzen kann, kommen Fahrradkindersitze infrage.

Ob Front- oder Gepäckträgersitz, ist dabei jedem selbst überlassen. Bei einem Frontsitz sollte man allerdings überlegen, auch eine Windschutzscheibe zu installieren, da der Fahrtwind sonst ziemlich zugig im Gesicht des Nachwuchses sein kann.

Mit dem Trailingbike wird es für Eltern schwer und Kinder leicht.

Was am Ende für das eigene Baby funktioniert, ist auch wieder sehr individuell, daher kann es sinnvoll sein, die jeweiligen Transportmöglichkeiten erst einmal zu testen, bevor man etwas anschafft.

Wie helfe ich meinem Kind, wenn es noch nicht so weite Strecken radeln kann?

Ab einem gewissen Alter will der Nachwuchs natürlich selbst radeln, hat aber eventuell noch nicht die Kompetenzen, eine ganze Tour oder bestimmte Streckenabschnitte alleine zu bewältigen. Hier können sogenannte Trailingbikes ins Spiel kommen. Entweder als einrädriger Nachläufer-Anhänger am Elternrad oder mit einer Tandemkupplung.

Bei der Tandemkupplung wird das normale Kinderfahrrad mit dem Vorderrad in eine am Elternrad vormontierte Kupplung eingespannt und so vom Elternrad gezogen.

So ein Gespann ist im Zweifelsfall natürlich schwerer als das einfache Trailingbike, bietet aber wesentlich mehr Flexibilität, was die Emanzipation des Nachwuchses angeht.

Ein müdes Kind mitsamt Fahrrad in ein Lastenrad zu werfen, ist natürlich auch immer eine Option, sofern man ein solches Rad nutzen kann. Auch auf einen Fahrradanhänger lässt sich ein kleines Kinderrad mit Zurrgurten befestigen.

Was häufig im MTB-Umfeld genutzt wird, sind Abschleppseile. Sie sind schnell am Kinderrad angebracht und können, gerade wenn es bergauf geht, gut zur Unterstützung verwendet werden. In der Ebene hingegen müssen abschleppendes Elternteil und abgeschlepptes Kind sehr konzentriert sein, um keine Auffahrunfälle zu provozieren.

Was am Ende für euch funktioniert, könnt nur ihr selbst herausfinden. Die Fähigkeiten von Kindern ändern sich jedoch teils so schnell, dass eigentlich jede Lösung immer nur ein Provisorium ist. Heute funktioniert Lösung eins und morgen Lösung zwei. Da hilft es nur, entspannt zu bleiben – Just go with the flow.

Lastenradler*innen finden eigentlich immer eine Mitnahmelösung.

Was ziehe ich meinem Kind beim Radeln an?

Die richtige Kleidung ist wie immer irgendwie Ermessenssache. Nicht für jedes Kind funktioniert alles, aber ein paar

»Must Haves«

sind fürs Radeln sinnvoll.

1. Helm:

Das einzige absolut essenzielle und nicht verhandelbare Kleidungsstück, das mein Kind immer trägt. Wenn der Helm gut passt, merkt das Kind ihn auch schnell überhaupt nicht mehr.

2. Regenjacke:

Wer keine Regenjacke besitzt, oder sie daheim vergisst, ärgert sich beim Radeln schnell. Unsere Regenjacken sind beinahe immer im Gepäck. Ein nasser Oberkörper friert schnell, nasse Beine hingegen sind kein Drama. Außerdem bietet die Regenjacke im Herbst einen super Windschutz, ohne dass wir viel extra Gewicht dabeihaben.

3. Handschuhe:

Es gibt Tage im Frühjahr/Herbst, da friert man nicht und sollte trotzdem Handschuhe einpacken. Die Hände sind beim Radeln stark exponiert, sodass sie im Sommer super schnell gebräunt sind und bei Wind super schnell frieren. Daher sind gut sitzende Handschuhe ein Muss für uns.

4. Dünne Mütze oder Stirnband:

Selbsterklärend: Niemand. Mag. Kalte. Ohren.

5. Sonnenbrille:

Generell schützen wir unseren Körper. Und dazu gehören auch die Augen gegen die Sonne. Beim Kauf auf ausreichend hohen UV-Filter achten.

Zur Kategorie

»Nice To Have«

gehören für uns die folgenden Kleidungsstücke:

1. Radhose mit Polster:

Wir Erwachsenen und der Teenie fahren auf Strecken über 20 Kilometer nur mit gepolsterter Hose. K2 besitzt ebenfalls eine solche Hose und hat sie auf der Radreise gerne getragen. Sie ist natürlich nicht zwingend nötig, aber bietet durchaus mehr Komfort beim Fahren und außerdem hält sie den Popo schön warm, wenn man sich in Pausen mal auf den kalten Boden setzen muss.

2. Trikot:

Ja, Rennradtrikots sehen natürlich schick aus. Als Rennradfahrer*innen tragen wir sie auch gerne, aber die Kinder brauchen sie nicht. Was für uns hingegen im Sommer sehr gut funktioniert hat, sind Funktionsshirts mit UV-Schutz.

3. Feste Schuhe:

Im Fahrradbereich gibt es extra Schuhe mit einer stabilen Sohle, um gleichmäßig viel Kraft in die Pedale zu bringen, ohne den Fuß zu verformen. Die sind natürlich nicht unbedingt nötig, aber beim Radeln auf langen Strecken bitte lieber die festen Wanderschuhe als die Barfuß-Schuhe mit der weichen Sohle anziehen.

4. Radel-Cap:

Sehr praktisch bei tiefstehender Sonne ist die Radel-Cap. Sie passt bequem unter den Helm durch ihren engen Sitz und sorgt nicht nur für geschützte Augen, sondern hält auch Schweiß von deinem Helm fern.

Und ansonsten gilt natürlich: Alles, was bequem ist und worin eure Kinder sich gut bewegen können, ist fürs Radeln optimal!

Welches Fahrrad für mein Kind?

Die Frage nach Kinderfahrrädern beschäftigt in den letzten Jahren immer mehr Firmen und immer mehr wirklich hochwertige und tolle Kinderräder kommen auf den Markt. Bei der Frage, welches Rad man für sein Kind anschafft, wird man aber vermutlich je nach Händler mit komplett unterschiedlichen Ansichten konfrontiert, daher möchte ich hier gerne einfach ein paar Denkanstöße zum Fahrradkauf mitgeben.

Gewicht:

Bei vielen Kindern, wie bei uns Erwachsenen auch, steht und fällt der Fahrspaß mit dem Gewicht des Rades. Es gibt Kinderräder, die 7 kg wiegen, und es gibt Kinderräder für die gleiche Altersklasse, die das Doppelte wiegen. Die Range ist also sehr groß und es lohnt sich in jedem Fall, besonders darauf zu achten, vor allem, wenn eventuell auch mal auf einer längeren Reise noch zusätzlich mit Gepäck gefahren werden soll.

Wer sein Fahrrad liebt, der putzt!

Antrieb:

Mittlerweile gibt es viele Kinderräder, die statt eines Kettenantriebs einen sogenannten Riemenantrieb haben. Dieser zeichnet sich dadurch aus, dass er besonders wartungsarm und robust ist. Wer also ein Rad sucht, das auch im Winter mit möglichst wenig Pflegeaufwand durch Pfützen gefahren werden kann, kann sich einmal bei folgenden Herstellern umschauen: Early Rider, Bungi Bungi, Rascal Bikes.

Wie bei großen Rädern auch, gibt es für Kinderräder verschiedene Schaltungen. Räder mit Riemenantrieb haben eine Nabenschaltung. Hierbei können die Kinder sowohl im Stand als auch während des Fahrens ganz nach Belieben schalten. Bei der klassischen Kettenschaltung hingegen sollte man nicht unter Last schalten und auch nicht im Stand. Wenn man die Möglichkeit hat, kann es sinnvoll sein, erst mit einer Nabenschaltung zu starten und später dann dem Kind eine Kettenschaltung zu erklären.

Rahmenform:

Es gibt Kinderräder, deren Hersteller mit eigens für Kinder konzipierter Rahmen-Geometrie werben, und dazu gehören die 1980er Jahre-Pukys leider nicht mehr. Solche Rahmen sind sinnvoll und tragen maßgeblich zum Fahrspaß der Kinder bei. Kinder sind keine kleinen Erwachsenen und sollten daher nicht auf kleinen Erwachsenen-Rahmen sitzen.

Wie muss mein Kinderfahrrad ausgestattet sein?

Nach StVO gilt ein Kinderfahrrad unter 20″ als Spielzeug und muss daher rein rechtlich nicht die Anforderungen eines verkehrssicheren Fahrrads erfüllen.

Allerdings dürfen Kinderräder bis 20″ auch nur auf dem Gehsteig bewegt werden.

Sinnvoll ist es dennoch, stets auf ausreichend Beleuchtung und Sichtbarkeit zu achten. Im Zweifelsfall lieber ein paar reflektierende Sticker an Helm und Rad zu viel als zu wenig.

Nützliche Apps und Tools für unterwegs

Smartphones und Apps machen vieles in unserem Leben leichter und genauso ist es auch beim Radfahren. Hier möchte ich einige Tipps geben, welche Apps uns auf Reisen begleiten.

Komoot: Jede Reise beginnt mit der Planung. Komoot ist für mich das Planungstool Nummer 1. Ja, wir haben uns auch schon so manches Mal in einer Sackgasse wiedergefunden (siehe #DankeKomoot in sozialen Medien für zahlreiche lustige Beispiele von Planungs-Fails), aber die meiste Zeit über ist die App sehr zuverlässig und zudem leicht zu bedienen.

Bei der Planung achte ich darauf, dass ich die farblich hinterlegten Radrouten wähle, um sicher sein zu können, dass die Wege gut mit dem Rad befahrbar sind. Zusätzlich kann es dann noch sehr hilfreich sein, wenn man sich die von anderen User*innen hinterlegten Fotos anschaut, um die Streckenverhältnisse besser einschätzen zu können. Komoot erlaubt es in der Bezahlversion, Strecken automatisch auf eine beliebige Anzahl von Tagen aufzuteilen. Man bekommt dann z.B. bei einer 500-Kilometer-Tour fünf oder mehr ähnlich schwierige Etappen vorgeschlagen.

Immer auf Kurs mit dem Navi

Integrierter Radcomputer des E-Bikes

Strava: Die bekannte Fitness-App ist unser zuverlässiges Tool, wenn es um das Aufzeichnen unserer Aktivitäten geht. So können wir im Blick behalten, wie viele Kilometer wir zurückgelegt haben, welche Durchschnittsgeschwindigkeit wir dabei hatten und wie viele Höhenmeter wir erklommen haben. Alle Daten werden gebündelt und überschaubar dargestellt. Außerdem gibt es Social-Media-Funktionen, die Interaktionen mit anderen sportlichen Freunden erlauben.

Radcomputer: Es gibt mittlerweile einige Hersteller von Radcomputern. Wer für unterwegs ein Navigationsgerät sucht, das sowohl aus Komoot die geplanten Strecken empfängt als auch gleichzeitig mit Strava aufzeichnet, kann sich bei den Herstellern Wahoo und Garmin umschauen.

Pflotsh Storm: Das Wetter im Blick zu haben, ist auf dem Rad immer wichtig. Man muss sich einfach zeitig um Unterschlupf kümmern können, wenn ein Gewitter aufzieht, und das geht mit diesem Tool ganz hervorragend. Unwetter-Fronten lassen sich sehr genau verfolgen und vorhersagen, sodass sich ein Regenschauer umfahren oder ein Gewitter aussitzen lässt.

AUF ZWEI RÄDERN UNTERWEGS

Touren in Oberbayern

SCHNELLE RUNDEN AKA BALLERN

1

Von Wolfratshausen durch die Pupplinger Au, so oft wir wollen

Wer aus der Gegend kommt und schon mal auf einem Rennrad gesessen hat, kennt die Pupplinger Au bei Wolfratshausen. Das wunderbar geteerte Stück Straße ist unter Sportlern sehr beliebt. Wer Inline skated, Rennrad fährt, oder dem Nachwuchs das Fahrradfahren beibringen will – hier ist Platz dafür.

Daher gibt es jetzt weniger eine Routenbeschreibung als den Denkanstoß, in der Pupplinger Au ein paar schnelle Runden zu drehen oder, wie unsere Kinder gerne rufen, zu »Ballern!«

Denn bei all der Rücksicht auf den Nachwuchs, kommen die elterlichen, sportlichen Ansprüche und auch die des Teenies doch manchmal zu kurz. Also alle aufs Rad und ab in die Pupplinger Au.

Schafft Mama es, zwei Runden zu drehen, während der Nachwuchs eine Runde radelt? Schafft Papa im Anschluss eine schnellere Rundenzeit? Kann der Teenie mithalten, oder powert er sich endlich mal restlos aus?

Wer mit der S7 aus München kommt, startet in Wolfratshausen an der S-Bahn-Station und fährt einfach die Sauerlacher Straße zur Isar raus, autofahrende Familien können direkt bis zum Wanderparkplatz Puppling fahren.

Wenn wir die Isarbrücke zur Au hin überqueren, können wir hier im Sommer manchmal die Floßbauer bei der Arbeit sehen, denn Wolfratshausen ist vor allem für seine Floßfahrten bekannt. Kurz dahinter biegen wir nach links in die Austraße ein.

Auf der rechten Seite lassen wir nun das »Gasthaus Aujäger« liegen, zu dem wir aber sicher später noch mal zurückkehren werden.

An den hinter dem Gasthaus stehenden Pferden, Ponys und Eseln kommen wir nur mit viel Überzeugungskraft vorbei. Dann gabelt sich die Straße vor uns. Wir bleiben rechts auf der Austraße, um später dann auf der linken Seite, der Wehrbaustraße, zurückzukommen. Ab hier beträgt die Länge einer Runde knappe zehn Kilometer.

Eltern-Tipp

Manchmal muss man gar nicht wirklich alle Bedürfnisse unter einen Hut bringen, dann ist es vollkommen okay, wenn man sich mal aufteilt.

Kleines Päuschen am Rothbach

Durch die gut asphaltierte Pupplinger Au

Tiere sind immer sehenswert.

»Manchmal träume ich auf dem Fahrrad und dann wundere ich mich, wo ich plötzlich hingeradelt bin.«

Am Ickinger Wehr entlang

Autofrei
pedaliert es sich
am feinsten.

Während also ein Elternteil mit Teenie nun mit den Rennrädern losflitzt, behält das andere Elternteil das Tempo des Schulkinds bei. Wir folgen ganz entspannt der Straße und müssen uns keine Gedanken um die Route machen. Nach der Hälfte erreichen wir den Gasthof Aumühle mit der zugehörigen Fischzucht, an der wir nach einer scharfen Linkskurve vorbeikommen. Die verschiedenen Becken sind natürlich sehr spannend. Während nun rechts von uns hinter einem Wall der Isarkanal dahinfließt, plätschert links ein kleiner Bach, dessen Wasser so klar ist, dass es im Sommer ganz wunderbar ist, seine Füße hineinzuhalten. Die Bank, die wir passieren, bietet hierbei den perfekten Rastplatz.

Nach etwa drei Viertel der Strecke kommen wir am Ickinger Wehr vorbei. Auch hier lohnt sich ein kleiner Zwischenstopp, um mal einen Blick auf die Wasserwirtschaft zu werfen. Das restliche Stück radeln wir wieder auf einer breiten, schattigen Straße in Richtung Gasthaus Aujäger. Diesmal bleiben wir bei den Pferden und Ponys stehen und warten auf den Rest der Familie, denn überrundet wurden wir bisher noch nie.

Nochmal den Ponys »Tschüss« sagen

Kurz & knapp

leicht | 13 km

40 Hm | 0.45 Std.

Tourencharakter
Leicht fahrbar für Grundschulkinder. Für jede weitere Runde zusätzlich 10 km bzw. 0.30 Std.

Ausgangs-/Endpunkt
S-Bahnhof Wolfratshausen bzw. Wanderparkplatz in der Pupplinger Au

Anfahrt
Auto: Mit dem Auto bis zur Pupplinger Au

Bus/Bahn: Mit der S7 nach Wolfratshausen

Einkehr
Gasthaus Aujäger

Hier kann man herrlich »ballern«

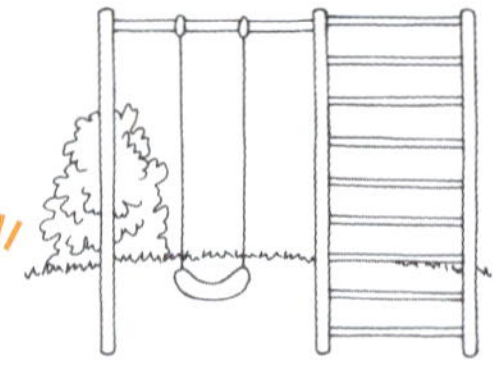

KLEINE SPIELPLATZTOUR 2

Von Sauerlach aus zu einem herrlichen Spielplatz in Altkirchen

Mit der S-Bahn geht es nach Sauerlach hinaus und dann radeln wir zu einem der schönsten Spielplätze im Umkreis. Auf dieser Tour sind wir nur knappe 14 Kilometer unterwegs und müssen lediglich 90 Höhenmeter überwinden, somit eignet sie sich bereits für ganz junge Radler*innen.

Wir verlassen das Bahnhofsgelände in nördlicher Richtung und biegen dann auf die Münchner Straße ab. Unmittelbar danach biegen wir nach links in die Schmiedstraße ein, an deren Ende wir nach links und kurz darauf wieder nach rechts abbiegen müssen. An der nächsten Gabelung, an der sich bereits ein Spielplatz befindet, halten wir uns links auf den Stauchartinger Weg.

Auf diesem Weg, der auch als Natur-Radwanderweg Sauerlach geführt wird, verbringen wir nun die nächsten 3,5 Kilometer auf der »Allee der 40 Linden«. Etwa 2,3 Kilometer nach unserem Start radeln wir durch den Deisenhofener Forst. Nachdem wir den Hirschweiher auf unserer linken Seite zurücklassen, fahren wir an einem weiteren Weiher rechts vorbei. Unmittelbar dahinter biegen wir, dem Natur-Radwanderweg folgend, nach links ab.

Für 2,7 Kilometer bleiben wir nun auf diesem Abschnitt, der sich ganz entspannt fahren lässt, bis wir die Hauptstraße in Altkirchen kreuzen müssen. Wir fahren hinüber in die Eichenhausener Straße und biegen nach gut 100 Metern nach links in den Argeter Weg ein. Nach weiteren 200 Metern befindet sich nun der Spielplatz Altkirchen zu unserer Linken. Neben einer Seilrutsche und verschiedenen Schaukeln ist das Highlight dieses Spielplatzes vor allem das große Klettergerüst mit vielen Seilen und Baumstämmen. Vielleicht ist der Spielplatz auch deshalb so gut gelungen, weil bei dessen Gestaltung im Jahr 2019 die Familien aus Altkirchen mitplanen und -bauen durften. Jedenfalls ist er einen Radausflug absolut wert.

Wenn wir wieder aufbrechen, fahren wir den Argeter Weg weiter in Richtung Sauerlach. Nach 500 Metern halten wir uns rechts und gelangen so auf die Altkirchener Straße. Ihr folgen wir etwa 900 Meter in das Waldstück hinein und biegen dann an der nächsten Kreuzung nach links auf die Endlhausener Straße ab. Wiederum 900 Meter später gelangen wir so zum Radweg, der neben der Schnellstraße nach Sauerlach hinein verläuft.

Bis zum Ortsschild von Sauerlach bleiben wir für etwa 1,3 Kilometer auf diesem Radweg. Wenn wir den Ort erreicht haben, bleiben wir für einen weiteren Kilometer auf

Der Rutschenturm
von Altkirchen

Bei gutem Wetter mit Weitblick schaukeln

Klettern und Toben erwünscht

Auch im Herbst eine Tour wert

Auch eine Rutsche für die Kleineren gibt es.

der Wolfratshausener Straße, bis wir nach links in die Kirchstraße einbiegen und so sogar noch auf einem kleinen Stück den München-Venezia-Fernradweg mitnehmen.

Nach 100 Metern biegen wir dann rechts in die Bahnhofstraße ein und nehmen Kurs auf unser Ziel, den Bahnhof. Wir überqueren noch einmal die Münchner Straße und lassen uns dann mit einem Eis am Ortsbrunnen Sauerlach nieder, bevor wir unseren Zug zurück nehmen.

Eltern-Tipp

In der gemütlichen Hütte lässt es sich ganz prima picknicken, oder ihr kocht euch einen Kaffee!

leicht | 14 km | 90 Hm | 1 Std.

Alles auf einen Blick

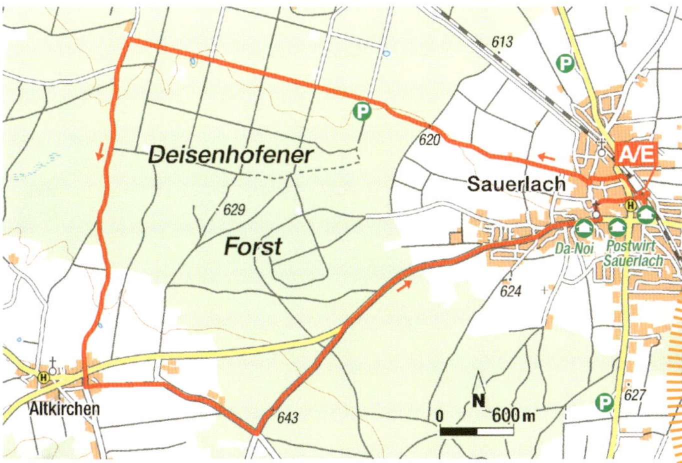

Ein Spielplatz, bei dem nicht nur an die Kinder gedacht wurde

Tourencharakter
Leicht fahrbar für Grundschulkinder

Ausgangs-/Endpunkt
Bahnhof Sauerlach

Anfahrt
Bus/Bahn: Mit der S3 nach Sauerlach Bahnhof

Einkehr
Moon Garden in Sauerlach am Bahnhof; Eis: Gran Gelato Sauerlach

3

Von Starnberg ins Manthal und zurück zur Eisdiele

Heute wollen wir eine kleine Runde durch Starnberg drehen, ein paar Käsespätzle essen, ein Eis schnabulieren, »la Dolce Vita« genießen! Aber Obacht, für schwere E-Bikes und/oder Anhänger ist die Tour in dieser Form nicht geeignet, weil wir über die Nepomukbrücke unsere Räder tragen werden.

Los geht es für uns also am Starnberger Bahnhof, den wir in Richtung Innenstadt verlassen und dann nach rechts auf den Bahnhofplatz rollen. Am Kreisverkehr nehmen wir die dritte Ausfahrt in Richtung Norden. An der nächsten Kreuzung biegen wir nach 200 Metern wieder nach rechts in die Ludwigstraße ein. Wir fahren durch die Unterführung unter den Gleisen hindurch und finden dann zu unserer Rechten einen klasse Spielplatz mit feinen Häuschen und einer sehr steilen Rutsche.

Sobald wir es schaffen, diesen hinter uns zu lassen, geht es weiter auf dem Nepomukweg in Richtung Percha. Über den beschaulichen Georgenbach hinweg und immer den See in Sichtweite rollen wir am Starnberger Strandbad vorbei und gelangen dann zur bereits angekündigten Nepomukbrücke. Wir schultern also unsere Räder und tragen sie über die Stufen hinweg.

Etwa hundert Meter hinter der Brücke biegen wir an einer Kreuzung nach rechts ab und bleiben dann für 1,25 Kilometer immer auf diesem Radweg in Seenähe. So können wir den »Percha Beach« auf uns wirken lassen.

Anschließend geht es für uns nach links den kleinen Weg »Seehang« hinauf, denn für unser Mittagessen haben wir schon einen besonderen Ort ausgesucht. Oben an der Münchner Straße angekommen, halten wir uns links auf dem Radweg und überqueren die Straße dann mithilfe der nächsten Bettelampel. Nun können wir gemütlich den gegenüberliegenden Milchberg hinaufradeln, der sich mit 6 % Steigung entspannt erklimmen lässt.

Wasser ist immer spannend.

Besonders aufregend ist diese steile Rutsche.

Tipp

Für uns war es ein Aha-Erlebnis, den Kindern zu erklären, dass man auf einer Radtour nicht immer radeln muss. Es ist vollkommen okay, auch zu schieben, manchmal sogar zu tragen. Seitdem machen uns Berge keinen so großen Kummer mehr. Schieben gehört dazu!

Mit Blick auf den
See können sich
Piraten hier austoben.

Zu jeder Jahreszeit
ist der Starnberger
See einfach schön.

Die Hühner
begrüßen uns im
Manthal.

Einmal starke Arme
und mit den Rädern
über die Brücke

Dann fegen wir am Schloss Kempfenhausen vorbei und ins Manthal hinab.

Nach nur vier Kilometern auf unserem Tacho ist jetzt Zeit für eine Einkehr. Der Gasthof Manthaler ist ein Familienbetrieb, in dem auch die Kinder schon mal die Bestellungen aufnehmen. Die Highlights sind hier vor allem der große eigensinnige Spielplatz am Biergarten und die vielen freilaufenden Hühner. Auch im Lüßbach lässt es sich hier herumplantschen.

Nach dieser Pause radeln wir bis zur Harkirchener Straße, biegen dort nach rechts ein und folgen dann dem Straßenverlauf nach links die Anhöhe hinauf. Nun müssen wir tatsächlich die nächsten drei Kilometer ein wenig arbeiten, doch die ruhige Nebenstraße macht uns den Weg leicht und mündet schließlich in einen ruhigen Forstweg. Nach sieben Kilometern treffen wir auf die A 95 und biegen dort nach links auf den Radweg zurück nach Starnberg ein. Jetzt können wir die gewonnenen Höhenmeter genießen und mit schöner Aussicht zurück nach Percha hinunterrollen, immer dem Radweg folgend. Weiterhin geradeaus auf dem beschriebenen Radweg bleibend, radeln wir zwischen Bootshäusern entlang und über die Würm hinweg. Insgesamt elf Kilometer nach unserem Start biegen wir schließlich für einen Nachtisch in die Wittelsbacherstraße ein.

Tipp

Die Starnberger Eismanufaktur verkauft herrlich cremiges und teils auch ausgefallenes Eis. Neben klassischer Vanille ist vor allem das Zitrone-Basilikum-Eis ein echter Sommerhit.

leicht | 14 km | 120 Hm | 1 Std.

Alles auf einen Blick

Tourencharakter
Leicht fahrbar für Grundschulkinder

Ausgangs-/Endpunkt
Bahnhof Starnberg

Anfahrt
Bus/Bahn:
Mit der S6 nach Starnberg

Einkehr
Gaststätte Manthaler;
Eis: Starnberger Eismanufaktur

TÖLZER TINGEL-TOUR 4

Durch Wackersberg und an der Isar entlang mit Eis-Stopp und Spielplatzhalt

Wir starten unsere Tour am Wanderparkplatz am Blomberg, da wir aus Richtung Penzberg herradeln und am Blomberg unsere Tour abschließen wollen. Hier lässt es sich bequem parken, wenn man mit dem Auto anreist. Alternativ startet die Tour natürlich am Bahnhof in Bad Tölz, wobei ihr euch dann überlegen könnt, ob ihr den Stopp am Blomberg überspringen möchtet. In welche Richtung ihr die Runde radelt, ist unerheblich, da bei der Rundtour so oder so 190 Höhenmeter überwunden werden müssen.

Vom Wanderparkplatz nördlich der B 472 starten wir auf dem Radweg in Richtung Osten. Wir können uns hier gemütlich über den Asphalt rollen lassen. Dieser Abschnitt ist Teil des bekannten Bodensee-Königssee-Fernradwegs, der uns in diesem Buch häufiger begegnet. An der Einmündung zur Quellstraße biegen wir nach rechts ab in Richtung Wackersberg und radeln unter der B 472 hindurch, um direkt hinter der Unterführung wieder links hinaufzufahren. Man könnte hier denken, dass wir auf die Bundesstraße fahren, doch wir nehmen kurz vor Ende der Auffahrt einen Forstweg hinauf in den Wald. Geübte Radler*innen können hier ein kurzes Stück ihr Talent für Schotterwege unter Beweis stellen, unsichere Radler*innen steigen vielleicht lieber kurz ab. Nach zwei kurzen Anstiegen erkennen wir aber bereits den Sonnershof. Wir biegen dort links ab und fahren am Hofgelände vorbei. Ab hier rollen wir mit fantastischer Aussicht auf wenig befahrenen Straßen bis nach Wackersberg hinab.

In Wackersberg biegen wir hinter der Gaststätte Altwirt in die Lehenstraße Richtung Jaud ein. Dort können wir uns entspannt hinabrollen lassen und die nächsten zwei Kilometer einfach nur den Ausblick genießen. Schließlich erreichen wir das beschauliche Örtchen Schnait. Hier müssen wir die Augen offen halten, denn ein kleines Schild zeigt uns den Weg zum famosen Beindlhof. Wir fahren hinter einem Hof

Extra-Tipp

In Wackersberg lässt es sich hervorragend im Altwirt einkehren. Mit herrlichem Blick Richtung Lenggrieser Berge und einem tollen Spielplatz vergeht die Zeit wie im Flug.

Entspannt an der Isar entlang

Hallo, ihr Kühe!

»Auf dem Rad sitzen und sowohl Blick als auch Gedanken einfach mal ein bisschen schweifen lassen ...«

Immer gut, wenn man willkommen ist.

Zur Pestkapelle hinuntersausen

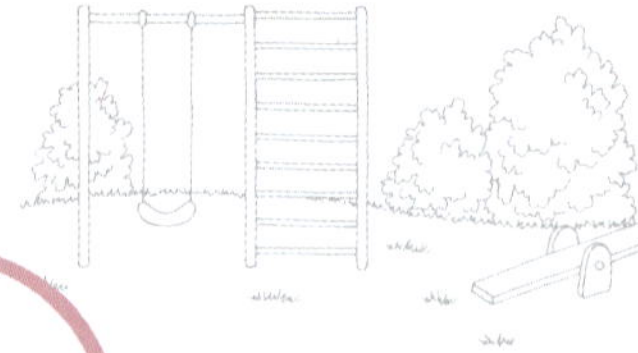

Eis-Spezial-Tipp

Das fantastische Bauernhof-Eis, welches wir am Beindlhof kaufen, wird auf Vertrauensbasis in eine kleine Kasse bezahlt. Die vielen verschiedenen Eissorten laden zum Durchprobieren ein und reichen von Evergreens wie Vanille bis zu ungewöhnlichen Sorten wie Cheesecake. Jede einzelne Sorte lohnt sich!

entlang und dann auf einen Wiesenweg. Das ist ein wenig abenteuerlich und für kleine Radler*innen sicher sehr spannend. Da links und rechts von uns Weidegebiet ist, passen wir auf die möglicherweise unter Strom stehenden Zäune auf. Anschließend erreichen wir einen Hof mit einer kleinen Hütte, die zu unserer Rechten auftaucht.

Glücklich mit dem Bauch voll Eis radeln wir Richtung Osten durch Lain hindurch nach Arzbach, wo wir kurz nach rechts auf die Hauptstraße einbiegen. Unmittelbar darauf fahren wir in die Kalkofenstraße nach links. Nun nehmen wir Kurs auf den berühmten Isarradweg, dem wir insgesamt 6,5 Kilometer folgen werden. Immer dem Weg nach Bad Tölz folgend, können wir hier die wunderbar wilde Isar und die Auenlandschaft genießen. Wer mag, hält gerne noch mal an, um vielleicht ein paar Steine in die Isar zu werfen oder einige Steinmännchen zu bauen.

Wir bleiben auf dem Isarradweg und fahren in Bad Tölz unter der Isarbrücke hindurch, um unmittelbar

Die Isar in Bad Tölz

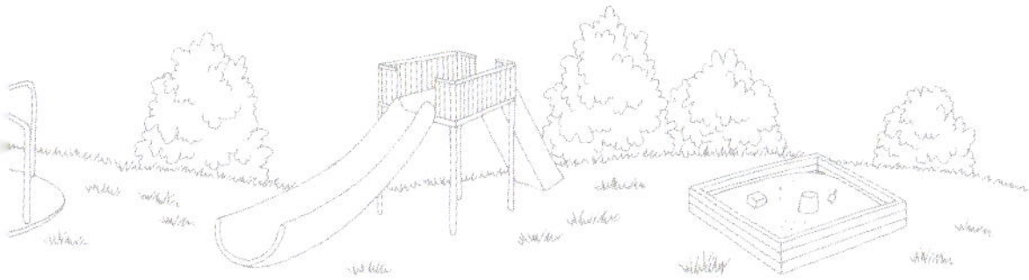

dahinter nach links abzubiegen. Von dort aus gelangen wir über die Brücke, denn nun liegt links von uns der tolle Spielplatz am Taubenloch. Hier können sich die Kinder austoben, um sich noch einmal für das letzte Etappenstück zu wappnen.

Anschließend fahren wir über die Isarbrücke wieder zurück und nehmen die erste Ausfahrt im Kreisverkehr. Dort fahren wir die Badstraße hinauf, um kurz darauf in die Ludwigstraße einzubiegen. Nun führt uns der Weg am Kurgarten und an einem Kneippbecken vorbei. Im Sommer, oder für Mutige natürlich ganzjährig, kann man sich hier erfrischen.

Am Ende der Ludwigstraße biegen wir links auf die Benediktbeurer Straße. Wenn wir nun dem Radweg einfach folgen, kommen wir wieder zurück zum Blomberg, wo wir dann endlich eine wohlverdiente Runde mit dem Blombergblitz drehen.

Nachtrodel-Geheim-Tipp

An Samstagabenden findet am Blombergblitz das »Nachtrodeln« statt. Dabei kann man für einen Fixpreis den ganzen Abend durchrodeln. Jacke und Mütze nicht vergessen, es kann frisch werden!

Kurz & knapp

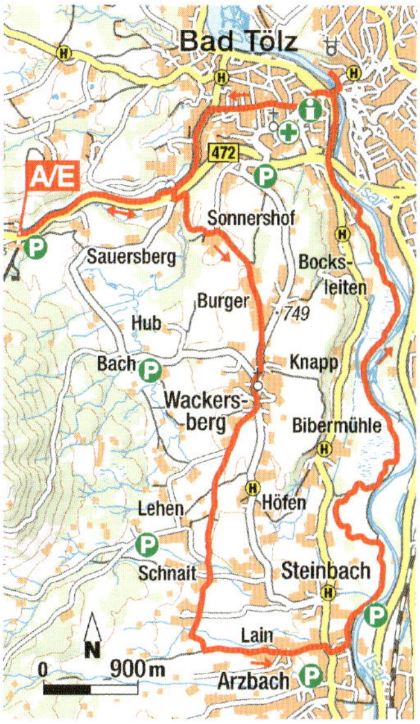

leicht | 20 km

190 Hm | 1.30 Std.

Tourencharakter
Leicht fahrbar für Grundschulkinder mit einer kleinen Schiebepassage

Ausgangs-/Endpunkt
Wanderparkplatz Blomberg oder Bahnhof Bad Tölz

Anfahrt
Auto: Mit dem Auto zum Parkplatz der Sommerrodelbahn am Blomberg. So kann am Ende der Tour noch gemütlich eine rasante Fahrt mit dem Sommerrodel angehängt werden.

Bus/Bahn: Mit der RB56 nach Bad Tölz

Einkehr
Eis: Beindlhof

EINMAL UM DEN SEE

5

Von Murnau aus um den Staffelsee, vorbei an Alpakas und wildem Moor

Eine Seeumrundung ist immer eine klassische Radtour und der Staffelsee bietet dafür die perfekte Umgebung. Im Kontrast zur Tegernsee-Runde (Tour 6) erleben wir auf dieser Tour mehr Natur und weniger Action, aber das habt ihr euch sicherlich bereits gedacht.

Vorweg sei erwähnt, dass einige Abschnitte dieser Route nicht zum Radfahren freigegeben sind, hier also eigentlich geschoben werden müsste. Das Radfahren wird der Beschilderung nach aber geduldet, solange zu Fuß gehende Personen rücksichtsvoll behandelt werden.

Wir starten unsere Tour in Murnau am Bahnhof. Es geht also über die Seehausener Straße in Richtung Norden, um dann der Radwegbeschilderung folgend in die Römerstraße einzubiegen. Auf dieser Straße verlassen wir Murnau nun parallel zur Bahnstrecke in nördlicher Richtung.

Nach knapp einem Viertel unserer Tagesstrecke biegen wir in Richtung See ab. Dafür müssen wir einmal die Gleise überqueren. Wenn wir an dieser Stelle Glück haben, können wir an einer angrenzenden Weide Lamas und Alpakas sehen, im besten Fall vielleicht sogar streicheln.

Hinter dem Bahnübergang bleiben wir rechts auf der Galveigenstraße, um kurze Zeit später rechts auf die Murnauer Straße abzubiegen. Nach 450 Metern biegen wir der Beschilderung folgend nach links in die Kirchtalstraße ab, um zum Biergarten Alpenblick und zum Bootsanleger zu gelangen.

Wenn wir wieder aufs Rad steigen, fahren wir den Weg zurück, den wir gekommen sind, folgen dann aber der Kirchbergstraße. An ihrem Ende biegen wir nach links auf die Seestraße ab.

Ihr folgend kommen wir am Campingplatz Aichalehof vorbei und biegen dann an der nächsten Gabelung nach rechts auf einen kleinen Weg ab.

Der Staffelsee ist einer der idyllischeren Seen Oberbayerns.

Einmal das Krokodil durchsteigen und wieder hinaus rutschen, bitte!

Tipp

Der Biergarten Alpenblick ist ein SB-Biergarten mit traditionell bayerischen Biergartengerichten. Es gibt einen Sandkasten und kleinere Spielgeräte, die praktischerweise nicht unmittelbar am See, sondern im hinteren Bereich liegen, sodass wir unsere Kinder dort spielen lassen können, ohne dass sie im erstbesten unbeobachteten Moment in den See hüpfen.

Hühner, die in einem Wohnanhänger hausen

Querbeet durchs Moor geht auch mit Anhänger.

Flauschige Alpakas, die sich leider nicht streicheln lassen wollen

Hin und wieder einmal absteigen bitte!

Hier müssen wir unter Umständen ein kurzes Stück schieben, da der Weg ein wenig wurzelig und schmal wird. Wir bleiben nun eine Weile auf diesem schmalen Weg, der zwar ein wenig Rücksicht gegenüber Fußgängern abverlangt, uns aber dafür auch sehr nah an die schönsten Ecken des Staffelsees bringt.

An der nächsten Gabelung biegen wir nach links in den Moorpfad ab. Auch hier bleiben wir rücksichtsvoll und dürfen dafür weiterradeln.

Nach 550 Metern auf diesem Weg überqueren wir eine kleine Brücke und folgen dem Wegverlauf, der nun nach rechts abknickt. Etwa einen guten Kilometer später geht es für uns dann in einer scharfen Linkskurve wieder zurück in Richtung See.

Von hier oben können wir noch einmal das fantastische Panorama genießen. Wir folgen nun der Straße für knappe zwei Kilometer und biegen dann an der nächsten Gabelung nach links ins Moor ab. Nun befinden wir uns auf dem Staffelseerundweg.

Er führt uns abermals durch das Moorgebiet und später dann am Südende des Sees auf einen Waldweg.

Hier finden wir verschiedene schöne Pausenplätze und Bänke, die uns einladen, ein paar Steine in den See zu werfen und uns für den Endspurt zu wappnen.

Wenn wir den See hinter uns gelassen haben, nehmen wir den Radweg, der parallel zur Seestraße in Richtung des Kulturparks verläuft. Sobald wir hier die Anhöhe erklommen haben, werden wir mit einem herrlichen Spielplatz belohnt.

Nun bleibt uns nur noch der Rückweg zum Bahnhof, oder wir essen vielleicht doch noch ein Eis im Ort?

leicht | 22 km | 150 Hm | 1.30 Std.

Alles auf einen Blick

Tourencharakter
Leicht fahrbar für Grundschulkinder

Ausgangs-/Endpunkt
Bahnhof Murnau

Anfahrt
Bus/Bahn:
Mit der RB6 nach Murnau

Einkehr
Biergarten Alpenblick

SPIELPLATZHOPPING AM SEE

6

Von Tegernsee aus einmal um den See herum und über alle Spielplätze hinweg

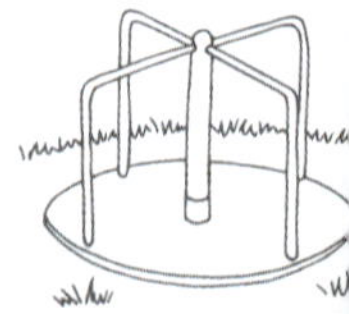

Eine Umrundung des Tegernsees ist so ziemlich genau das Gegenteil von unserer Staffelsee-Umrundung (Tour 5), und trotzdem ist sie absolut lohnenswert. Ja, hier ist alles ein bisschen schicker, opulenter und weitaus touristischer, aber dafür finden wir ganz fantastische Spielplätze, für die wir kein Geld ausgeben müssen. Also – los geht's zum Spielplatzhopping!

Wie auch bei den anderen Touren, können wir zum Tegernsee sowohl mit dem Zug als auch mit dem Auto anreisen. Es sei aber angemerkt, dass es um den Tegernsee herum sehr häufig zu Staus kommt und es daher sinnvoll sein kann, weiter außerhalb zu parken oder, wenn möglich, lieber direkt mit dem Zug anzureisen.

Wir starten in Tegernsee am Bahnhof und rollen erst einmal zur Promenade hinab. Die Tour ist zwar prinzipiell in beide Richtungen fahrbar, doch wir entscheiden uns, sie im Uhrzeigersinn zu fahren, da wir dadurch rechts auf dem einseitig freigegebenen Fuß-/Radweg bleiben können, uns so einige Fahrbahn-Seitenwechsel ersparen und auch näher am See sind.

Bereits nach wenigen Metern halten wir am Tegernseer Rathaus an und sperren unsere Räder an der Promenade ab, um im Kurgarten den ersten Spielplatz zu besuchen. Der Spielplatz im Kurgarten ist ein absolutes Aushängeschild für den Ort. In einer top gepflegten Anlage finden wir einen top gepflegten Spielplatz für Kinder jeden Alters mit angrenzender Minigolf-Anlage. Nachdem wir uns auf dem Spielschiff »Tegernsee« ausgetobt haben, geht es wieder zurück auf die Räder und an den richtigen Tegernsee. Dem hier ausgeschilderten Rundweg folgen wir nun einfach.

Ab Rottach-Egern befinden wir uns dann plötzlich auf dem München-Venezia-Fernradweg, der über die Ortschaft Kreuth hinunter an den Achensee führt. Über ihn erreichen wir das Strandbad. Kurz dahinter befindet sich der zweite Spielplatz, der auf unserer Liste steht. Wieder ein sehr maritimes, dem Tegernsee angemessenes Motto. Diesmal können wir aus einem Leuchtturm rutschen und wiederum ein Schiff bespielen, das hier in Anlehnung an Jim Knopf »Die Wilde 13« heißt. Im Sommer lässt es sich hier hervorragend baden, auch wenn der Tegernsee als Bergsee ziemlich kalt ist.

Abendromantik in Gmund

Ein Leuchtturm mit Riesenrutschen

»Einfach anhalten, wo ich will …«

Die »Tegernsee«, eines der bespielbaren Schiffe

Im Tegernseer Kurpark erholen sich alle.

Berge und Seen – was wollen wir mehr?

Wir reiten in den Sonnenuntergang.

Wir fahren nun zurück über den Weißachdamm und dann rechts über eine kleine Brücke über die Weißach hinweg und direkt wieder rechts auf den Radweg. An dessen Ende radeln wir wieder nach rechts auf die Wiesseer Straße. Nach 750 Metern biegen wir erneut nach rechts ab auf die Straße »Am See«. Wir bleiben auf dem Weg, bis er zum Ringseeweg wird, und folgen ihm einfach weiter geradeaus. Bald erreichen wir die Seepromenade Bad Wiessee. Auch hier gibt es wieder eine schöne Badestelle, einen Spielplatz und einen Barfußpfad.

Nach einem kurzen Stopp geht es für uns weiter auf dem Seerundweg vorbei an Schilf und Bootshäusern. Dann biegen wir abermals nach rechts ab auf den München-Venezia-Fernradweg in Richtung Norden, auf dem wir die nächsten vier Kilometer bis Gmund bleiben werden. Das Stück kann sich nun ein bisschen ziehen, da sind also unsere Entertainer*innen-Fähigkeiten gefragt, falls Langeweile aufkommt. Oder wir einigen uns bereits darauf, dass wir in Gmund ein Eis oder eine sonstige Leckerei essen wollen. Sich zu überlegen, was man essen möchte, hilft erfahrungsgemäß auch, Kilometer hinter sich zu bringen.

Von Gmund aus geht es dann ein kurzes Stück an der Straße entlang Richtung Süden. An der Max-Obermayr-Straße biegen wir nach rechts ein, um wieder auf den Seerundweg zu gelangen. Hier können

wir nun das letzte Ziel unseres Spielplatz-hoppings sehen. Der Abenteuerspielplatz Gmund bietet nicht nur eine, sondern gleich zwei Seilbahnen nebeneinander an, was uns das herrliche Vergnügen bereitet, im Wettrennen gegeneinander antreten zu können. Die »Stehwippe« ist ebenfalls sehr spannend und lässt uns ein ums andere Mal hopsen.

Die restlichen vier Kilometer im Sattel bis zum Tegernseer Bahnhof können für die mittlerweile müden Kinderbeine etwas lang sein, aber dafür ist die Ostseite des Sees zur späten Nachmittagsstunde noch mal in besonders schönes Licht getaucht. Bevor wir zurück zum Zug radeln, lohnt es sich, noch einmal an der Liegewiese »An der Länd« zu halten, weil es sich hier so schön mit den Füßen im Alpbach plantschen lässt.

Kurz & knapp

leicht | 22 km | 170 Hm | 1.30 Std.

Tourencharakter
Leicht fahrbar für Grundschulkinder

Ausgangs-/Endpunkt
Bahnhof Tegernsee, alternativ Bahnhof Gmund

Anfahrt
Bus/Bahn: Mit der RB57 nach Tegernsee. Für eine kürzere Tour bis nach Tegernsee fahren und auf dem Rückweg in Gmund wieder einsteigen. So spart man sich 5 km.

Einkehr
Café Lieblingsplatz am Tegernsee in Gmund; Eis: Eisautomat Eismanufaktur Tegernsee

Blick vom Kurpark aus auf den See

7

Von Mittenwald aus zum famosen Flößer-Spielplatz nach Krün

Eines unserer Lieblingsausflugsziele in Oberbayern ist das kleine Örtchen Krün. Malerisch an der wilden Isar gelegen und mit Blick aufs Karwendel ist es einer der schönsten Flecken der Umgebung, daher startet unsere heutige Tour in Mittenwald am Bahnhof und führt uns auf einem fantastischen Rundweg nach Krün, mit unserem Highlight, dem Flößerspielplatz.

Vom Bahnhof in Mittenwald aus biegen wir rechts auf den Bahnhofplatz und unmittelbar danach wieder nach rechts auf die Dammkarstraße, deren Verlauf wir 400 Meter folgen, ehe wir nach rechts über den Mühlbach hinweg zum Isarradweg abbiegen. Nach eineinhalb Kilometern auf diesem Weg biegen wir hinter der Muli-Skulptur nach links ab und dann wiederum nach rechts auf die Staatsstraße ein. Die nächsten 800 Meter fahren wir so an der Kaserne vorbei und können danach nach links auf den Radweg hinüberwechseln.

Nun müssen wir die nächsten fünf Kilometer nichts anderes machen, als diesem Weg zu folgen. Wir queren die Isar, passieren einen Campingplatz, der sich genau in die Isarschleife drängt, und queren den wilden Fluss dann erneut. Es folgt ein kleiner Anstieg und dann rollen wir auch schon wieder hinunter. Durch einen sehr niedrigen Tunnel (1,80 Meter Durchfahrtshöhe, also Obacht!) fahren wir unter der B 2 hindurch. Nun liegt Krün bereits vor uns.

Nach etwa 600 Metern biegen wir nach links auf die Karwendelstraße ab und unmittelbar darauf geht es rechts die Straße Kirchplatz hinunter. 300 Meter später biegen wir scharf nach rechts ab in die Isarauenstraße und radeln dann direkt auf unser Highlight zu, den Flößerspielplatz.

Hier können sich die Kinder nach Lust und Laune austoben, am besten gefallen uns die Murmelbahn, der Wasserspielplatz und der etwas versteckt dahinter liegende

Spiele-Tipp

Wer hat, kann für die Murmelbahn gerne eine Murmel mitbringen, andernfalls kann man sich auch eine aus einem Automaten kaufen.

Ganz nah am Isarursprung

Wer das Fahrrad mal stehen lässt, findet hier auch viele tolle Wanderwege.

Die Tunnelrutsche erfordert ein bisschen Mut.

»Wenn ich ein Ziel habe, kann ich richtig schnell fahren.«

Auf Schotter zwischen Wasser und Bergen – herrlich!

Tipp

Es kann durchaus sinnvoll sein, zusätzlich auch ein Laufrad mitzunehmen, damit kleinere Kinder sich auf dem Pumptrack austoben können.

Blick ins imposante Karwendelgebirge

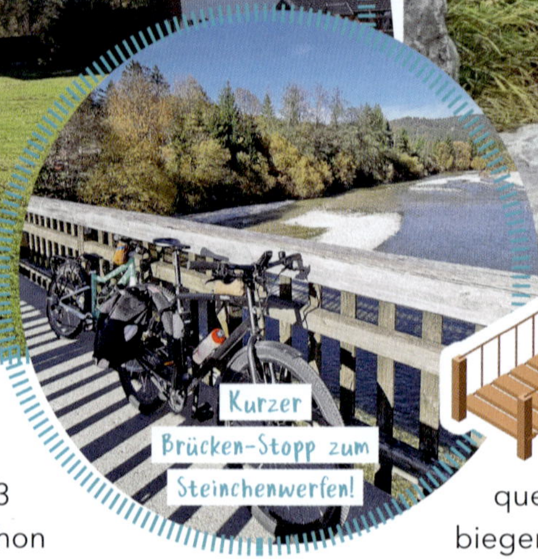

Kurzer Brücken-Stopp zum Steinchenwerfen!

Pumptrack, den sogar K3 mit ihren zwei Jahren schon gut mit dem Laufrad bewältigen kann.

Unmittelbar neben dem Spielplatz gibt es einen kleinen Kiosk, in dem wir Eltern uns einen Kaffee besorgen können, sodass wir alle an diesem Ort sehr glücklich sind.

Irgendwann schaffen wir es, die Kinder wieder aufs Rad zu bekommen, und radeln weiter. Zunächst geht es die Isarauenstraße zurück und dann nach rechts in die Soiernstraße. Wer mag, kann noch unmittelbar vor der Isarbrücke nach rechts abbiegen und einige Meter auf dem Kieselsteinlehrpfad radeln, doch unsere Tour geht nun auf der anderen Isarseite zurück. Wir überqueren also die Brücke und biegen danach nach rechts ab.

Nach 500 Metern auf diesem Weg befindet sich links von uns der Einstieg in die Hüttlebachklamm und wer noch eine gute Stunde Zeit hat und feste Schuhe trägt, dem sei dieser Wanderweg ans Herz gelegt. Auf unserem Weg noch einmal 500 Meter weiter biegen wir nach rechts ab, um am Isarstausee entlangzuradeln. Hier befindet sich nun auch der Isarerlebnispfad mit vielen verschiedenen lehrreichen Stationen.

Knapp drei Kilometer geht es an der Isar entlang und durch die Isarauen hindurch, mit spektakulären An- und Ausblicken, die einem niemals langweilig werden. Nach

Genug zu tun gibt es auf diesem Spielplatz in jedem Fall!

insgesamt 13,5 Kilometern Strecke machen wir eine scharfe Linkskurve und folgen der Radwegbeschilderung nach Mittenwald zurück. Zwei Kilometer geht es nun entlang der Isar und der B 2, ehe wir an der Karwendel-Kaserne wieder auf unseren Hinweg treffen. Die letzten 2,5 Kilometer fahren wir also genau so, wie wir gekommen sind, und kommen so auf unserem Weg zum Bahnhof zurück.

Wer allerdings noch nicht genug von diesem Vergnügen an der Isar hat, kann den Isarradweg einfach noch ein Stückchen weiterradeln und zum Beispiel erst in Scharnitz wieder umkehren. Die Strecken-Variationen an der Isar sind schier unendlich, aber die für Kinder schönsten Abschnitte lassen sich auf dieser Route am besten erkunden.

Kurz & knapp

leicht | 23 km

170 Hm | 1.30 Std.

Tourencharakter
Leicht fahrbar für Grundschulkinder

Ausgangs-/Endpunkt
Bahnhof Mittenwald

Anfahrt
Bus/Bahn: Mit dem RE61 nach Garmisch-Partenkirchen und von dort mit der S6 nach Mittenwald

Einkehr
Krüner Stubn in Krün

Brücke nicht geheuer? Dann schieben wir halt!

AN DER WILDEN LOISACH

8

Von Eschenlohe aus durch eine märchenhafte Landschaft

Zwischen Garmisch und Eschenlohe liegt ein schönes Stück Natur, das mit vielen Wegen nur darauf wartet, erkundet zu werden. Zum ersten Mal sind wir dieses Stück auf unserer Familienradreise nach Italien gefahren und waren total begeistert von diesem tollen Radweg.

Da es hier aber nicht nur den einen, asphaltierten Weg, sondern auch noch viele weitere Schotterwege gibt, auf denen man sich austoben kann, ist diese Tour nicht als einfache Rundtour, sondern mehr als Entdeckungsreise zu verstehen.

Wir starten in unserem Fall in Eschenlohe am Bahnhof, damit die Highlights unserer Tour genau auf der Hälfte liegen. Außerdem entscheiden wir uns für den Gravelabschnitt auf dem Hinweg und den Asphalt auf dem Rückweg, sodass wir, wenn wir uns ausgetobt haben, nur noch widerstandslos über den Asphalt zurückrollen müssen.

Vom Bahnhof aus geht es über die Murnauer Straße in Richtung Süden. Am Eschenloher Dorfplatz fahren wir nach links und über die Loisachbrücke hinweg, dahinter biegen wir nach rechts ab in die Mühlstraße. Nach 600 Metern radeln wir nach links in die Römerstraße hinein, dabei geht es für uns die ganze Zeit leicht bergauf.

Nun haben wir einen tollen Ausblick über das Moor rechts von uns und kurz darauf dann auf den Mühlbach, der hier den sogenannten Sieben Quellen entspringt. Während wir nun rechts von uns die Weiten des Moores sehen, zieht sich links von uns das Gebirge hoch. Über uns thront der Krottenkopf und wir radeln hier unten durch den Oberauer Golfplatz. Nach insgesamt knapp acht Kilometern biegen wir unmittelbar vor der Loisach nach links ab und gelangen so auf den asphaltierten Loisachradweg nach Garmisch.

Einen Kilometer später kommen wir zu einer bei Kindern sehr beliebten Stelle, denn hier fließt der Röhrlbach in ein breites Becken unmittelbar am Radweg und lädt so zum genüsslichen Matschen ein. Jedes Mal, wenn wir diese Stelle passieren, sind hier Kinder am Werkeln und Plantschen.

Wir radeln über ein Weiderost und passen dabei auf, dass wir die Streben möglichst im rechten Winkel überqueren, dann finden wir uns in der herrlichen Werdenfelser Almlandschaft wieder. Hier können wir nicht nur Schafe und Ziegen antreffen, sondern vor allem auch das Murnau-Werdenfelser-Rind, welches zu den gefährdeten Nutztierrassen zählt.

Elf Kilometer nach unserem Start überqueren wir den Kuhfluchtgraben und radeln dann weiter über die Frickenstraße, an

Die Kinder genießen den Spielplatz, die Erwachsenen die Aussicht.

Wer hätte gedacht, dass man auf Pilzen reiten kann?

»Ich bin eine Radfahrmaschine, die mit Pizza und Gummibärchen läuft.«

Tiere finden wir in der Almlandschaft viele!

Achtung, hier kommt K2!

Mit Wasser matschen geht auch im Herbst noch!

Wenn die Kinder voraus radeln, ist die Strecke perfekt.

deren Ende wir nach links in die Esterbergstraße einbiegen. Dieser Straße können wir nun einen ganzen Kilometer folgen, wenn wir bis zum Warmfreibad Farchant durchradeln möchten. Falls das Wetter dafür nicht geeignet ist, biegen wir bereits nach 600 Metern nach links ab und gelangen so zum sehr liebevoll gestalteten Spielplatz am Walderlebnispfad. Mit seinen kleinen Fliegenpilzen wirkt er ganz märchenhaft und lädt direkt zum Spielen und Verweilen ein.

Nach unserer Spielpause geht es hinter dem Spielplatz nach links den Pfad hinauf und somit etwa einen Kilometer lang auf dem Walderlebnispfad. Wenn wir nun an der nächsten Kreuzung dem rechten Weg 100 Meter folgen, kommen wir an ein Kneippbecken, an dem wir uns erfrischen können. Andernfalls geht es für uns geradeaus am Kuhfluchtgraben entlang und wieder nach rechts zurück auf den Radweg, den wir zuvor gefahren sind.

Nachdem wir drei Kilometer auf dem bereits bekannten Stück geradelt sind, biegen wir vor Oberau nach links über die Loisachbrücke ab. Vorbei am Oberauer Bahnhof geht es nach rechts in den Erlenweg, welcher uns direkt zurück an die Loisach bringt.

Der seit 2022 asphaltierte Schnellradweg führt uns unmittelbar zu einer kleinen Brücke, dem Gießenbachsteg, wo der kleine Gießenbach in die Loisach hineinfließt. Diese Stelle ist deswegen so bemerkenswert,

Oh, oh – erhöhtes Verkehrsaufkommen!

weil Bach und Fluss unterschiedliche Farben haben und sich so ein ganz spannendes Bild ergibt.

Nun befinden wir uns auch schon auf den letzten fünf Kilometern unserer Tour. Wenn wir in Eschenlohe den Radweg verlassen, liegt der Bahnhof rechts von uns. Über die Garmischer Straße kommen wir zurück zur Kreuzung, an der wir zuvor die Loisach überquert haben, und biegen hier nach links ab. Nach weiteren 600 Metern gelangen wir so zum Bahnhof zurück.

Wenn der Zug doch noch auf sich warten lassen sollte, können wir uns auch noch einmal den stillgelegten Stollen (siehe Tour 15) anschauen, oder am Eisautomaten an der Loisach ein Eis holen, denn eine Belohnung haben wir uns ohnehin immer verdient, wenn wir fleißig radeln.

Kurz & knapp

leicht | 25 km

130 Hm | 1.45 Std.

Tourencharakter
Leicht fahrbar für Grundschulkinder

Ausgangs-/Endpunkt
Bahnhof Eschenlohe, alternativ auch Garmisch-Partenkirchen

Anfahrt
Bus/Bahn: Mit der RB6 nach Eschenlohe bzw. Garmisch-Partenkirchen

Einkehr
Riki's Restaurant bei Oberau; Eis:Eisautomat Eschenlohe

Wo Gießenbach und Loisach zusammenfließen, lohnt es sich, einmal genauer hinzuschauen.

9

Von Weilheim aus vorbei an Funkanlage und Flugplatz

Von Weilheim aus wollen wir uns heute einen Flugplatz und die riesigen Parabolantennen des Deutschen Luft- und Raumfahrtzentrums anschauen. Natürlich nicht, ohne auch einen Zwischenstopp an einem fantastischen Spielplatz einzulegen und einen Blick auf den Zellsee zu werfen.

Wir beginnen unsere Tour am Bahnhof in Weilheim, von wo aus wir zunächst über die Bahnhofsgasse in Richtung Süden zur Giesinger Straße hinunterfahren. Dieser folgen wir nun nach rechts und gelangen so auf die Schützenstraße, in die wir nach links einbiegen.

Hundert Meter später gelangen wir nach rechts abbiegend auf den Ammer-Radweg. Diesem folgen wir 2,5 Kilometer aus Weilheim hinaus, ehe wir nach links in Richtung Wessobrunn abbiegen. Die asphaltierte Nebenstraße ist fürs Radfahren bestens geeignet, da hier sehr wenig Verkehr herrscht. Nach 700 Metern macht der Weg einen Knick nach rechts, dem wir folgen. Wir fahren an einem Hinweisschild vorbei, das uns erklärt, dass hier früher die Brennerstraße, also eine alte römische Handelsstraße aus dem Jahre 200 nach Christus, verlief. Diese Straße verband Rom mit Augsburg und verlief im Gegensatz zur Via Claudia Augusta nicht über den Fernpass und das Inntal, sondern direkt über den Brenner.

1,5 Kilometer später folgen wir unserem Radweg durchs Weilheimer Moos, indem wir an der Gabelung nach links abbiegen.

Einen weiteren Kilometer später geht es für uns dann wieder nach rechts. Nach nur 400 Metern nehmen wir die zweite Abzweigung nach rechts und arbeiten uns ein paar Höhenmeter den Madenbergweg hinauf.

Am Ende dieser Straße, nach knapp zehn Kilometer Strecke, haben wir nun einen guten Blick auf die riesigen Parabolantennen des Deutschen Luft- und Raumfahrtzentrums, die im Jahr 1967 erbaut wurden. Die Anlage ist Teil des German Space Operations Center und wurde von Oberpfaffenhofen aus für diverse Raumfahrtmissionen genutzt. Heute werden damit die drei großen GPS-Satelliten überwacht.

App-Extra-Tipp

Auf oderdinger-maislabyrinth.de könnt ihr euch über die Öffnungszeiten des Maislabyrinths informieren und die genaue Lage erfahren. Da es nicht immer geöffnet hat, ist es kein Teil des GPS-Tracks.

Ein Segelboot zum Spielen!

Der Tiefenbach hinterm Naturfreundehaus in Weilheim

»Mit dem Rad finden wir irgendwie immer Orte, die man vom Auto aus nicht mal sehen kann.«

Die Kuh ist genauso neugierig wie wir.

Viel Platz zum Spielen haben die Naturfreunde in Weilheim geschaffen.

Tipp

Wem der Spielplatz gut gefällt, der kann den Verein mit einer Spende in die aufgestellte Spendenbox unterstützen.

Die eindrucksvollen Parabolantennen des DLRZ

Eine tolle Matschstraße mit viel Spielzubehör für große Kinderaugen

Wir wenden unseren Blick irgendwann wieder von diesen beeindruckenden Schüsseln ab und biegen dann nach links in Richtung Zellsee ab. Rechts an der Schnellstraße geht es für einige Meter an ihr entlang und dann unter ihr hindurch. Vorbei an Zellsee radeln wir einen langen Kilometer bergauf, ehe wir nach links Richtung Paterzell abbiegen. In Paterzell selbst sausen wir dann wieder links den Berg hinab, am Paterzeller Eibenwald und seinen tausend Jahre alten Bäumen vorbei und kurz darauf nach rechts zum See hinunter.

Nach 14 Kilometern Gesamtstrecke biegen wir nun nach links ab und radeln auf einem spannenden Stück Radweg. Links von uns befindet sich der Zellsee und rechts von uns die Einflugschneise des Flugplatzes Paterzell. Bei gutem Wetter können wir hier also die kleinen Flugzeuge beim Starten und Landen beobachten, und das kann unmittelbar an der Einflugschneise schon mal recht spannend sein.

Wir radeln also weiter und nehmen an der nächsten Einmündung den Weg nach rechts. Parallel zum Flugplatz fahren wir nun in Richtung Süden, biegen dann nach links und wiederum nach rechts ab. Nun geht es für uns drei Kilometer weit durch die herrliche Mooslandschaft. Anschließend fahren wir nach links zurück in Richtung Weilheim.

Einen Kilometer später queren wir die Bahngleise und einen weiteren Kilometer später biegen wir dann nach rechts ab. Wenn wir nun an der nächsten Gabelung wieder nach rechts abbiegen, kommen wir an einem Trinkwasserbrunnen und einer Radel-Service-Station in Oderding vorbei.

Dieser Abstecher durch Oderding lohnt sich vor allem dann, wenn gerade die

Saison für das Maislabyrinth ist. Nach der Radel-Service-Station geht es für uns nach links in die Dorfstraße. Von ihr biegen wir nach 300 Metern nach links ab auf einen Radweg, der uns zu einer schicken neuen Holzbrücke führt, auf der wir die Ammer überqueren. 400 Meter später folgen wir dann dem nach links führenden Radweg zurück nach Weilheim.

Nach 1,3 Kilometern in den Ammerauen erreichen wir das rechts von uns liegende Naturfreundehaus, hinter dem, ganz unscheinbar und versteckt, einer der besten Spielplätze Oberbayerns liegt.

Der Spielplatz selbst hebt sich durch seine kreativen Spielangebote von anderen Plätzen ab. Eine Matschstation, ein kleines Segelboot, ein Baumhaus, das nur durch Kraxelei zu erreichen ist, und viele kleine Häuschen laden zum ausgiebigen Spielen ein.

Zurück auf dem Ammer-Radweg geht es bald unter einer Bahnbrücke hindurch und einen Kilometer später gelangen wir zu einem Kneippbecken und – noch viel wichtiger – zu einem kleinen Pumptrack, auf dem wir noch einmal alles geben können, ehe wir uns auf den Weg zurück zum Bahnhof machen.
Wir lassen den Pumptrack rechts von uns zurück und nehmen die nächste Abzweigung nach rechts, um dann abermals nach rechts in die Lohgasse zu gelangen. Dort biegen wir nach links in die Straße Am Schleiferhäusl ein und radeln dann nach links auf die Giesinger Straße.

An der nächsten Kreuzung fahren wir nach rechts unter den Bahngleisen hindurch und unmittelbar dahinter nach links in die Bahnhofgasse, die uns wieder zurück zum Bahnhof führt.

mittel | 26 km | 190 Hm | 1.45 Std.

Alles auf einen Blick

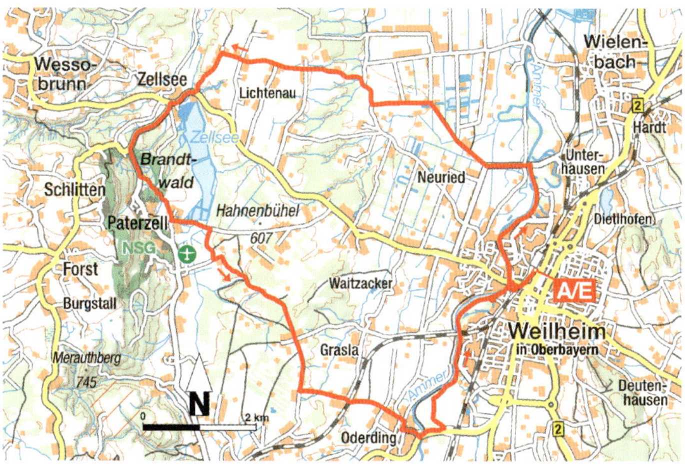

Tourencharakter
Leicht fahrbar für motivierte Grundschulkinder

Ausgangs-/Endpunkt
Bahnhof Weilheim

Anfahrt
Bus/Bahn: Mit der RB6 nach Weilheim

Einkehr
Am Naturfreundehaus Weilheim

BREZN, KUCHEN UND GEDANKEN

10

Von Wolfratshausen aus auf den Pfaden der Dachauer Todesmärsche

Wir starten von der S-Bahnstation in Wolfratshausen in unsere Brezn- und Kuchen-Runde, deren einziges Ziel es ist, Brezn und Kuchen zu schnabulieren. Dabei radeln wir nach Geretsried, zur Königsdorfer Alm und dann in einem Bogen, der ein paar Höhenmeter beinhaltet, rüber nach Eurasburg zum Stücklhof und wieder zurück nach Wolfratshausen. Also – pack ma's!

Wir verlassen die S-Bahnstation in Richtung Süden und überqueren dann sowohl die Gleise als auch die Straße. Nun nehmen wir den Radweg neben den Gleisen, der direkt Richtung Königsdorfer Alm führt. Nach 700 Metern erreichen wir eine Unterführung, durch die wir mit dem Rad sausen. Und weil wir in Wolfratshausen sind, heulen wir im Tunnel einmal wie ein Wolf. Warum auch nicht?

Nach der Unterführung bleiben wir weiterhin auf dem Radweg, die Gleise nun rechts von uns. Wir überqueren den Isar-Loisach-Kanal und können an der Querung zur B 11 kurz einen Blick hinüber in den Skatepark werfen. Oder wir halten einmal inne und machen einen Stopp am Erinnerungsort Badehaus, denn unsere Runde bietet eine gute Möglichkeit, gerade mit älteren Kindern über die Verbrechen der Nationalsozialisten zu sprechen.

Nach etwa 3,5 Kilometer Wegstrecke und einem kurzen Waldstück sehen wir das erste Denkmal für die Opfer der Todesmärsche des Konzentrationslagers Dachau, dessen Anblick uns Eltern entsprechend nachdenklich stimmt. Einen weiteren Kilometer später überqueren wir bei Geretsried die Blumenstraße, dann erreichen wir den Stadtkern von Geretsried. Die aufwendig gestaltete Fläche bietet viel Wasser zum Matschen, zwingt uns aber, einen umständlichen Bogen um die städtische Tiefgarageneinfahrt zu radeln. Nach knapp acht Kilometern

Wissens-Tipp

Der Erinnerungsort Badehaus in Wolfratshausen-Waldram hat es sich zur Aufgabe gemacht, zu erinnern und zu informieren, denn in nur wenigen Jahren lebten hier Rüstungsarbeiter, Überlebende der Dachauer Todesmärsche, jüdische Displaced Persons und katholische Heimatvertriebene.

Das Schönste am Radfahren sind die Pausen.

Der Stadtplatz in Geretsried lädt zum Plantschen ein.

Bergab fahren wir am liebsten.

gelangen wir zum »Spielplatz am Bewegungsparcours«. Hier halten wir für ein paar Klimmzüge, ein paar Reckübungen und ein bisschen Kraxelei, denn wir wollen ja nicht immer nur unsere Beine bewegen.

Dann geht es durch die Unterführung der Schnellstraße und auf die Johann-Sebastian-Bach-Straße in südlicher Richtung weiter. An der nächsten Einmündung biegen wir nach rechts in den Robert-Schumann-Weg, an dessen Ende wir wieder auf einen schönen Radweg gelangen. Eine Weile geht es so gemütlich durch den Wald, ehe wir die Richard-Wagner-Straße mithilfe einer Bettelampel überqueren. Wir bleiben geradeaus auf dem Chiemseeweg, der in einen Radweg mündet. Nach etwa 300 Metern erscheint vor uns die Königsdorfer Alm. Hier kehren wir für eine Brezn-Pause ein.

Nachdem wir uns gestärkt haben, radeln wir wieder weiter und nehmen direkt die nächste Abzweigung nach rechts, die uns an einem kleinen Weiher vorbeiführt. Dann fahren wir unter der B 11 hindurch und biegen rechts zum Bibisee ab. Wer nicht schwimmen gehen möchte, radelt einfach zwischen Bibisee und Egoldsee weiter, am Campingplatz vorbei und bleibt dahinter auf dem Radweg nach Oberherrnhausen.

Wir folgen dem schottrigen Forstweg nun 1,7 Kilometer, bis wir bei Babenstuben wieder Asphalt erreichen und den Weg nach Oberherrnhausen hinuntersausen

Unterhaltungs-Tipp

Die Königsdorfer Alm bietet nicht nur Verpflegung, sondern auch einen feinen Spielplatz und einige Tiere. Bei schönem Wetter gibt es Steckerlfisch und Live-Musik, daher kann es manchmal durchaus etwas voller sein.

Geschicklichkeits-parcours in Geretsried

Auf eine Breze zur Königsdorfer Alm

Die Loisach bei Eurasburg

können. Links von uns haben wir bei gutem Wetter nun einen herrlichen Blick in die Alpen.

In Oberherrnhausen biegen wir nach rechts ab und können von hier aus Schloss Eurasburg am gegenüberliegenden Hang entdecken. Vor Unterherrnhausen biegen wir dann auf der Landstraße nach links ab, um nach Eurasburg zu gelangen. Hier geht es relativ steil bergab, deswegen empfiehlt es sich auch nicht, die Runde verkehrtherum zu radeln. Kleinere Radler*innen sollten nun sicher bremsen können.

Unten angekommen, überqueren wir den Isar-Loisach-Kanal und gelangen dann zur Hauptstraße in Eurasburg. Dort wechseln wir auf die gegenüberliegende Straßenseite und folgen dem Radweg nach rechts. Hinter dem Gemeindehaus fahren wir nun links die Beuerberger Straße hinauf. Am Maibaum befindet sich der Stücklhof, bei dem wir uns einen Kuchen gönnen.

Hinter dem Café fahren wir die Albert-von-Iring-Straße hinab, um wieder auf den Radweg nach Wolfratshausen zu gelangen. Gerne halten wir noch mal am Spielplatz der Grundschule, um eine Runde auf den Trampolinen zu springen. Danach geht es aber in den Endspurt.

Wir verlassen Eurasburg auf dem Radweg, der parallel zur Wolfratshauser Straße verläuft, in Richtung Norden. Nach einem knappen Kilometer müssen wir die Schnellstraße überqueren, was hier gut möglich

ist, da die Straße zu beiden Seiten sehr gut einzusehen ist. Dann geht es neben dem Höllgraben nach Achmühle. Zu unserer Rechten können wir ab und an die Loisach erahnen. Kurz hinter einem Waldabschnitt halten wir die Augen offen, da wir auf der rechten Seite einige Bäume sehen können, die von Bibern angeknabbert wurden. Eventuell entdecken wir ja sogar einen Biber?

Wir bleiben auf der Radstrecke und erreichen Achmühle. Hier treffen wir auf das zweite Mahnmal für die Opfer der Dachauer Todesmärsche. Wir bleiben weitere zwei Kilometer auf dem Radweg, bis wir in Wolfratshausen vor dem blauen Loisachsteg nach links abbiegen. Auf diesem geschotterten Radweg bleiben wir nun 2,4 Kilometer. Wir passieren dabei den Walsersteg, von dem Mutige im Sommer manchmal in die Loisach springen. Nach einer Unterführung erreichen wir den Sebastiani-Steg. Wir überqueren ihn und rollen dann am Marktplatz vorbei und zwischen Loisachhalle und Bücherei hindurch.

Am oberen Ende des Hammerschmiedwegs überqueren wir dann die Straße Am Floßkanal und radeln über den Bürgermeister-Grünwald-Weg zum Bahnhof in Wolfratshausen zurück.

Tipps für Spiel und Kulinarisches

Der Stücklhof bietet unglaublich leckere selbstgebackene Torten und auch das Frühstücksangebot ist fantastisch. Für Kinder gibt es eine Spielkiste im Gastraum und am Dorfplatz vor dem Café befindet sich ein kleiner Wasserlauf, der im Sommer zum Matschen einlädt.

Kurz & knapp

mittel | 27 km | 130 Hm | 1.45 Std.

Tourencharakter
Leicht fahrbar für motivierte Grundschulkinder

Ausgangs-/Endpunkt
S-Bahnstation Wolfratshausen

Anfahrt
Bus/Bahn:
Mit der S7 nach Wolfratshausen

Einkehr
Königsdorfer Alm bei Geretsried, Stücklhof in Eurasburg; Eis: Paletti Eismanufaktur Wolfratshausen

FRANZ-MARC-TOUR

11

Von Sindelsdorf aus auf den Spuren des berühmten Künstlers

Auf den Spuren des berühmten Künstlers Franz Marc radeln wir durch das Loisach-Kochelsee-Moor. Unsere Künstler-Runde startet in Sindelsdorf, wo Franz Marc von 1909 bis 1914 lebte und einige seiner später weltberühmten Bilder malte. Unter anderem schuf er hier 1911 die gelbe Kuh und das blaue Pferd.

Gegenüber der Off-Mühle, am Parkplatz des Spielplatzes, radeln wir los. Die Kirchsteinstraße in Richtung Osten nehmend, biegen wir an der nächsten Kreuzung nach rechts in die Königbergstraße ein. Hier eröffnet sich uns bereits der grandiose Blick auf das Kochelsee-Moor. Wir rollen mit Wind in den Haaren die kleine Kuppe hinab. Der Weg macht hier nun einen Schlenker nach links und ein kurzes Stück danach biegen wir rechts auf die Brücke ab, welche besonders spannend ist, weil wir unsere Räder durch ein Weide-Drehkreuz schieben müssen. Aber keine Sorge, das funktioniert auch mit Lastenrad und Fahrradanhänger erstaunlich gut.

Wir folgen dem Feldweg ein kleines Stück und biegen dann links auf den asphaltierten Radweg ab. Damit haben wir uns das Stück Schnellstraße südlich von Sindelsdorf gespart. Eine Weile lang können wir nun mühelos über den asphaltierten Radweg radeln, bis er zu einem geschotterten Forstweg wird, der, wenn er nicht gerade frisch geschottert wurde, gut zu befahren ist. Am Ende des Forstwegs kommen wir wieder an der Schnellstraße nach Großweil raus. Hier müssen wir nun ein kurzes Stück auf der Straße fahren, bevor wir kurz vor Zell nach links abbiegen.

Hier lohnt es sich, die Augen offen zu halten, da sich oft allerlei Tiere entdecken lassen. Ob Rehe, Störche, Reiher, Greifvögel, Füchse oder die Katzen vom nächsten Hof – irgendein Tier entdecken wir mit Sicherheit. Nach knapp 1,5 Kilometern biegen wir nach rechts in Richtung Schlehdorf ab und nehmen an der nächsten Abbiegung den Weg wiederum nach links. Jetzt fahren wir

Geheim-Tipp

Die Off-Mühle bietet regionales, frisch gemahlenes Mehl in den unterschiedlichsten Variationen. Besonders gerne kaufen wir hier Brotbackmischungen oder das Mehl für unsere selbstgemachte Pizza.

Spielen und Matschen am Spielplatz in Sindelsdorf

Bade-Tipp

Der Eichsee ist gerade für Familien mit kleinen Kindern, vor allem im Uferbereich, der ideale Badesee. Im Sommer erwärmt er sich schnell und lädt dadurch zum ausgedehnten Badevergnügen ein, ohne dabei so überlaufen zu sein wie die größeren Seen. Im hinteren Bereich des Sees wird das Schwimmvergnügen jedoch durch ein paar Wasserpflanzen getrübt.

So einen entwurzelten Baum sehen wir selten.

Über eine Brücke ins Weidegebiet

Radeln oder klettern, Hauptsache Bewegung!

geradewegs auf den Eichsee zu. Wer nicht beim Eichsee halten möchte, biegt kurz vorher rechts ab und nimmt weiterhin Kurs auf Schlehdorf. Nun fahren wir auf die Loisach zu, die auf diesem Stück geradewegs in den Kochelsee hineinfließt. Auch hier lassen sich im Sommer viele Störche entdecken. An der Schnellstraße angekommen, nehmen wir den Radweg nach links in Richtung Kochel, wo der Künstler Franz Marc einige Jahre gelebt hat und auch gemeinsam mit seiner Frau Maria begraben wurde.

In Kochel biegen wir von der Schlehdorfer Straße aus nach rechts auf die B 11 Richtung Walchensee ein. Wir entscheiden uns für einen Stopp am Spielplatz und kehren in die »Kochler Stuben« ein, weil wir vom Biergarten aus einen guten Blick auf unsere Kinder haben. Anschließend können wir noch einmal an den See hinunterrollen und mit den Füßen testen, wie kalt der Kochelsee heute ist.

Museums-Tipp

Wer sich nun noch ein wenig mit Franz Marc und dem Blauen Reiter beschäftigen möchte, fährt die B 11 weiter hinunter und stattet dem Franz-Marc-Museum einen Besuch ab.

Dann radeln wir zurück nach Kochel hinein, doch diesmal bleiben wir auf der Hauptstraße, um kurz vor dem Bahnhof nach links in Richtung Benediktbeuern abzubiegen. Wir folgen der Straße Unteranger, die parallel zur Schnellstraße verläuft und in einen Radweg mündet. Den Gleisen folgend radeln wir nun ins Moorgebiet. Nach knapp 2,5 Kilometern fahren wir auf dem Prälatenweg nach links weiter ins Moor und in Richtung Wiesenbrütergebiet hinein.

Wir folgen dem Weg, bis wir an eine T-Kreuzung gelangen. Hier nehmen wir die Brücke nach rechts, über den Lainbach hinweg. Während wir dem geschotterten Weg nun 2,2 Kilometer folgen, können wir links schon einen Blick auf das Kloster Benediktbeuern werfen. Vor der Bahnunterführung biegen wir dann nach links ab und radeln zum Kloster hinüber. Wer bis hierhin noch nicht eingekehrt ist, dem sei der Klosterbiergarten ans Herz gelegt. Wir können

nun unser Rad durch das Klostergelände schieben oder am Kloster vorbeiradeln und dann nach links abbiegen.

Danach gelangen wir auf den Moor-Rundweg. Hier können wir uns verschiedene Lehrpfade anschauen, den Fliegern am Flugplatz beim Starten zusehen oder einmal die Räder abstellen, um durchs Moor zu wandern. Den Eingang zum Moor-Erlebnispfad finden wir ein Stück hinter dem Flugplatz. Feste Schuhe sind jetzt besonders sinnvoll, denn versteckt hinten im Pfad können wir mit einem Floß das Moor durchqueren. Das macht nicht nur sehr viel Spaß, sondern auch sehr nasse Füße, wenn man nicht aufpasst.

Wir setzen uns für die letzten fünf Kilometer wieder aufs Rad und radeln rechts ein Stück an der Loisach entlang. Dann geht es in einer Schleife die Brücke hinauf, um wieder nach Sindelsdorf zurückzufahren. Ein letztes Mal radeln wir durch das Wiesenbrütergebiet hindurch und biegen dann in Sindelsdorf nach links in die Königbergstraße ab. Kurz darauf müssen wir nur noch nach rechts in die Kirchsteinstraße einbiegen, um wieder zu unserem Ausgangspunkt, dem Spielplatz, zu gelangen. Zum Abschluss schauen wir noch einmal bei der Off-Mühle hinein und kaufen uns Pizzamehl, denn eine Pizza haben fleißige Radler*innen immer verdient.

Achtung, Brutzeit

In den Sommermonaten können im Moor einige Wege durch die Brutzeit gesperrt sein, daher können wir hier leider nicht abseits der Route jeden Weg benutzen.

Kurz & knapp

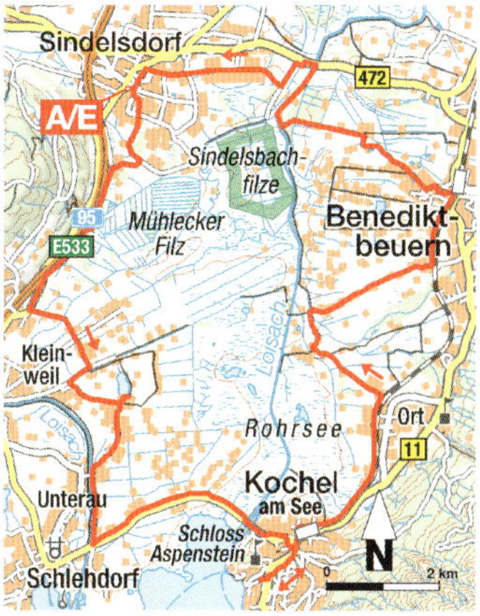

mittel | 32 km | 100 Hm | 2.15 Std.

Tourencharakter
Leicht fahrbar für motivierte Grundschulkinder

Ausgangs-/Endpunkt
Sindelsdorf, Parkplatz gegenüber der Off-Mühle

Anfahrt
Auto: Mit dem Auto nach Sindelsdorf, Kirchsteinstraße. Parken gegenüber vom Spielplatz möglich.

Bus/Bahn: Mit der RB66 nach Kochel

Einkehr
Klosterbiergarten Benediktbeuern; Eis: Ottis Café Benediktbeuern

12

Von Altenau mit einigen Höhenmetern hinauf zur Käsealm – Badestopp inklusive

Unsere Käserunde um die Ammerschlucht herum startet in Altenau am Bahnhof. Alternativ lässt sich natürlich überall entlang der Strecke starten, doch wir wollten, dass unser eigentliches Ziel, die Schönegger Käsealm, auf der Hälfte der Strecke liegt.

Die Tour ist mit 310 Höhenmetern relativ anspruchsvoll, aber für fitte Grundschulkinder gut machbar. Wer die Tour mit einem Anhänger fährt, sollte nach Möglichkeit aufs E-Bike steigen, aber das liegt ganz im eigenen Ermessen.

Vom Altenauer Bahnhof radeln wir nun also auf die Wurmansauer Straße in Richtung Norden, um unmittelbar darauf nach links auf die Obere Dorfstraße, der Radwegbeschilderung folgend, einzubiegen. Wir bleiben auf der nach rechts abknickenden Straße und werfen einen Blick auf den nun rechts liegenden Dorfweiher, der an heißen Tagen zum Verweilen einlädt. Wer die Tour im Sommer fährt, sollte sich hier unbedingt auf dem Heimweg noch einmal erfrischen.

Direkt dahinter biegen wir nach links ab und bleiben somit auf dem Ammer-Amper-Radweg. Der Radweg führt uns am Fuß des Hochschergen entlang bis in den Naturpark Ammergauer Alpen hinein. Vorbei an einer großen Schreinerei, vielen Weiden und einem Hof geht es dann über die Halbammer hinweg. Auch hier lässt es sich im Sommer toll im Wasser vergnügen.

Die nächsten acht Kilometer bleiben wir nun auf dieser asphaltierten, wenig befahrenen Forststraße. Die Landschaft wechselt von Wäldern zu Wiesen und immer wieder gibt es ein paar knackige Anstiege für uns.

Wir kommen an einem Stück Wald mit vielen jungen Tannen vorbei, an einer wunderschönen kleinen Kapelle und durch den Ort Peustelsau. Autoverkehr begegnet uns hier keiner, sodass die Runde wirklich sehr entspannt zu fahren ist. Hinter Hargenwies geht es einen kurzen, knackigen Anstieg hinauf, der uns mit Anhänger und ohne E-Bike etwas zu schaffen macht, aber bewältigt werden kann.

Danach geht es entspannt zwischen herrlichen Wiesen mit Ziegenherden in Richtung Morgenbach. Hier zweigt der Bodensee-Königssee-Radweg nach links ab, wir fahren jedoch weiterhin geradeaus, um zum Schwaigsee zu gelangen.

Nach einem weiteren Kilometer liegt er nun links von uns und wir machen eine

Panoramablick von der Schönegger Käsealm

Wenn es zu sehr schottert, lieber schieben!

Auch bei grauem Wetter einfach schön!

»Berge hochfahren ist anstrengend, aber oben ist es immer richtig gut.«

Am höchsten Punkt belohnen wir uns mit diesem tollen Spielplatz.

Fantastische Sicht ins Ammergebirge

Jetzt vielleicht etwas über Bienen lernen?

kleine Snackpause. Bei gutem Wetter lässt es sich hier auch wunderbar verweilen und baden, doch unser eigentliches Ziel liegt jetzt schon ganz nah. Einen Kilometer und etwa 40 Höhenmeter von uns entfernt liegt die Schönegger Käsealm. Wir biegen also kurz nach links auf die Steingadener Straße ab und radeln dann direkt wieder nach rechts den Hügel hinauf, der Beschilderung zur Alm folgend. Nach wenigen Höhenmetern erkennen wir bereits die erste Station des Milchlehrwegs, einer von verschiedenen Lehrwegen rund um die Alm.

Gute 14 Kilometer nach unserem Start sind wir nun an unserem Highlight angekommen und die Höhenmeter, die uns eben noch Kraft gekostet haben, lohnen sich nun doppelt. Von hier oben haben wir einfach einen fantastischen Ausblick auf das komplette Umland. Die Kinder können sich direkt auf dem fantastischen Spielplatz mit Riesenrutsche austoben und die Eltern kehren in Ruhe ein. Neben der tollen Brotzeit gibt es auch die Möglichkeit, viel über die Käserei zu lernen. Und obendrauf gibt es dann noch einen Rund-Lehrpfad mit Lehrbienenstand und Wildgehege.

Erst eine ganze Weile später können wir wieder aufbrechen und auf der anderen Seite der Alm hinter den Kleintiergehegen zur Straße hinunter absteigen. Der Pfad ist geschottert, ein wenig steil und schmal, daher ist Schieben hier eine gute Option.

Wir queren die Schnellstraße am Kreisverkehr und folgen dann dem Radweg in Richtung Bad Bayersoien. Nun überqueren wir die Ammerschlucht über die Echelsba-

cher Brücke. Dann geht es in einer Schleife unter der Schnellstraße hindurch und weiter in Richtung Gschwendt. Auch hier ist die Strecke wieder asphaltiert und wenig befahren, sodass wir keinerlei Bedenken haben müssen, unser Kind K3 alleine radeln zu lassen.

Nachdem wir Gschwendt hinter uns gelassen haben, erreichen wir auch schon bald Bad Bayersoien. Im pittoresken Ortskern wartet ein Trinkwasserbrunnen auf uns, sodass wir unsere Trinkflaschen auffüllen können, denn ein paar Höhenmeter liegen noch vor uns. Am Bayersoiener See können wir noch einmal Rast machen oder uns direkt in die nächste Anhöhe begeben.

Der Anstieg auf der Dorfstraße aus Bad Bayersoien hinaus ist zwar nicht besonders steil, aber dafür relativ lang. Auch hier vermissen wir unser E-Bike wieder, schaffen es aber doch, ohne zu schieben.

Dann geht es auf der Geraden hinüber bis nach Saulgrub. Nach 21,5 Kilometern geht es nun unter der B 23 hindurch nach Saulgrub hinein. Bei klarem Wetter können wir hier bis auf die Zugspitze schauen. An der Kirche biegen wir nach rechts auf die Dorfstraße und kurz darauf nach links in den Kienzerleweg. Dann fahren wir wiederum nach links in die Achelestraße und 100 Meter später rechts in die Ammergauer Straße.

Danach geht es dann in die Altenauer Straße für die letzten zwei Kilometer Endspurt. Wir folgen nur noch der Radweg-Beschilderung nach Altenau zurück. Vielleicht tauchen wir unsere Füße noch mal in den Weiher. Vielleicht fallen wir jetzt aber auch einfach müde in die Bahn.

Kurz & knapp

schwer | 25 km

310 Hm | 1.45 Std.

Tourencharakter
Gut fahrbar für ambitionierte Grundschulkinder

Ausgangs-/Endpunkt
Bahnhof Altenau

Anfahrt
Bus/Bahn: Mit der RB6 nach Murnau und von dort mit der RB63 nach Altenau

Einkehr
Schönegger Käsealm

Bei gutem Wetter lässt es sich in Altenau gut im Weiher abkühlen.

13 Von Miesbach aus vorbei am Schliersee und hinauf zum Wendelstein

Heute geht es für uns auf eine abenteuerliche One-Way-Tour in die Berge hinein. Da der Zug ohnehin fest geplanter Teil dieser Route ist, könnt ihr einfach selbst entscheiden, an welchem Bahnhof ihr starten und wo ihr die Radtour wieder beenden wollt.

Für uns beginnt die Radeltour also in Miesbach am Bahnhof, den wir auf der Bahnhofstraße in Richtung Süden auf dem Radweg Holzkirchen – Bayrischzell verlassen. Nach etwa einem Kilometer haben wir dann mit leichter Steigung aus Miesbach herausgefunden. Unter der B 472 hindurch, geht es für uns auf einer wenig befahrenen Nebenstraße entlang, bis wir nach einem guten Kilometer an den süßen Mangfall-Lamas vorbeikommen.

Wir fahren weiter, vorbei an einer alten Bergbau-Lore und dem großen Krankenhaus von Agatharied, wo wir für 200 Meter auf die Straße wechseln, ehe wir nach rechts in die Fehnbachstraße einbiegen. Diese verlassen wir bereits nach 100 Metern wieder nach links und gelangen so auf einen ruhigen, geschotterten Weg, der an der Schlierach entlangführt. Nach 800 Metern halten wir uns hier rechts, passieren den Friedhof von Hausham und gelangen so auf den Agatharieder Weg. Fünfeinhalb Kilometer nach Beginn unserer Tour wechseln wir die Seite der Schlierach und entdecken einen schönen Spielplatz, der uns zu unserem ersten kleinen Zwischenstopp einlädt.

Anschließend geht es zwei Kilometer auf diesem Weg weiter, ehe wir bei Schwaig einen ersten Blick auf den See werfen können. Immer weiter der Radwegbeschilderung folgend fahren wir vorbei an einem großen Insektenhotel und schließlich direkt an den Schliersee.

Wenige Meter später finden wir rechts von uns die Rixner Alm. Bei Fischhausen verlassen wir den Schliersee in Richtung Süden und nehmen Kurs auf Bayrischzell. Auf ruhigen Nebenstraßen mit den schönsten Panoramen passieren wir den Bahnhof von Fischhausen und folgen einfach dem Radweg, vorbei am röhrenden Elch in Neuhaus und dann nach rechts in die Josefstaler Straße hinein.

Dort finden wir nach 400 Metern den nächsten tollen Spielplatz. Über die Breitensteinstraße verlassen wir den Spielplatz wieder und biegen an deren Ende nach links in die Aurachstraße ein.

Nach einem guten Kilometer überqueren wir die Spitzingstraße und radeln in den

Der Wendelstein mit seinem Observatorium

Hinunter zum Schliersee

Immer an den Gleisen entlang, dann finden wir auch zurück.

Kugelbahn-Spielplatz an der Leitzach

Radweg zum Schliersee hinüber

Hoffentlich schafft es die Kugel bis nach unten!

Eine Kugel bitte!

Wer zwei Kugeln hat, kann sie sogar gegeneinander antreten lassen.

Wald hinein. Über einen schönen ruhigen Schotter-Forstweg gelangen wir nach gut zwei Kilometern nach Aurach, wo wir an der Kapelle kurz nach rechts auf die Schnellstraße einbiegen, um dann auf den Radweg auf der anderen Straßenseite zu wechseln. Dem Radweg folgend kommen wir nach Stauden. Biegen wir hier nach links ab, gelangen wir nach etwa eineinhalb Kilometern zu einem sehr schönen Kugelbahn-Spielplatz und einem Barfußpfad direkt an der Leitzach.

Tipp

Wenn ihr euch für den Abstecher zum Kugelbahn-Spielplatz entscheidet, unbedingt an eine Holzkugel denken! Andernfalls gibt es auch hier einen Automaten, um eine Kugel zu erwerben.

Wenn wir die Variante nicht fahren, biegen wir in Stauden ein kleines Stück später nach rechts ab in den Krugalmweg, der uns auf direktem Weg zu einer herrlichen Einkehrmöglichkeit führt, zur Krugalm. Hier warten einige Tiere, ein großer Biergarten und viele fantastische Torten auf uns. Frisch gestärkt geht es in die letzten fünf Kilometer Endspurt entlang der Bahnstrecke und mit Blick ins Gebirge. Bei Geitau biegen wir noch einmal nach rechts ab und an der Bundesstraße bleiben wir dann nach links abbiegend auf dem Radweg.

Den imposanten Wendelstein schon fest im Blick, radeln wir an der Talstation vorbei und dann nach links nach Osterhofen hinein. Nun biegen wir hinter der Kapelle nach links ab und fahren geradewegs auf die Bahnstation Osterhofen zu.

Müde fallen wir in die Bahn, glücklich, es bis zu diesem massiven Berg geschafft zu haben. Vielleicht laufen wir beim nächsten Mal noch rauf.

schwer | 28 km | 290 Hm | 2 Std.

Alles auf einen Blick

Tourencharakter
Für ambitionierte Grundschulkinder

Ausgangspunkt
Bahnhof Miesbach

Endpunkt
Bahnhof Osterhofen

Anfahrt
Bus/Bahn: Mit der RB55 nach Miesbach, zurück mit der RB55 von Osterhofen oder ggf. Bayrischzell

Einkehr
Krugalm

14 Von Penzberg aus mit einigen Höhenmetern rüber zu den Osterseen

Auf knapp 33 Kilometern und mit 250 Höhenmetern drehen wir eine sportliche Runde um Penzberg und die Osterseen.

Gestartet wird wieder einmal am Bahnhof. Wir satteln auf und radeln das Stück zur Bahnhofstraße hinunter, auf die wir dann nach links einbiegen. Einen knappen Kilometer radeln wir so durch die Penzberger Innenstadt und nehmen dann im Kreisverkehr die erste Ausfahrt nach Grube.

Hier können wir mit kurzzeitiger 6-%-Steigung die ersten Höhenmeter des Tages gewinnen und unsere Bergziegen-Fähigkeiten unter Beweis stellen. Wir durchqueren auch den nächsten Kreisverkehr und fahren weiterhin Richtung Grube. 700 Meter später biegen wir nach rechts ab ins Reindl. Hier fahren wir an einem Eis-Automaten der Pollinger Eismanufaktur vorbei. Vor allem das Nutella-Eis ist absolut empfehlenswert!

Weitere 350 Meter später biegen wir dann nach links in den Daserweg ein, um auf einem Schleichweg Penzberg zu verlassen. Hier geht es nun flott den Hügel hinab und wir folgen dem Weg gute zwei Kilometer. Anschließend biegen wir nach links auf den Radweg, der parallel zur Staatsstraße verläuft. Dieses Stück Radweg ist Teil eines der am besten ausgebauten Radwege im Umkreis, auf dem man ganz wunderbar bis nach Wolfratshausen durchradeln kann. Heute aber wollen wir nicht ganz so weit, denn wir sind zum Frühstück im Otthof verabredet. Dafür folgen wir dem Radweg etwa dreieinhalb Kilometer hinauf in Richtung Schwaig, dann an Quarzbichl vorbei und durch einen kleinen bewaldeten Abschnitt, bis es schließlich links nach Faistenberg und zum bereits ausgeschilderten Otthof geht.

Die Osterseen bei Iffeldorf wirken beinahe karibisch.

Mit Volldampf durch den Wald

Tipp für Tierliebhaber

Das Gut Aiderbichl ist ein Gnadenhof für Tiere, die aus unterschiedlichen Lagen gerettet wurden und dort nun besucht werden können.

Einkehr auf der Terrasse vom Café Otthof

Der fantastische Garten am Café Otthof lädt uns zum Verweilen ein …

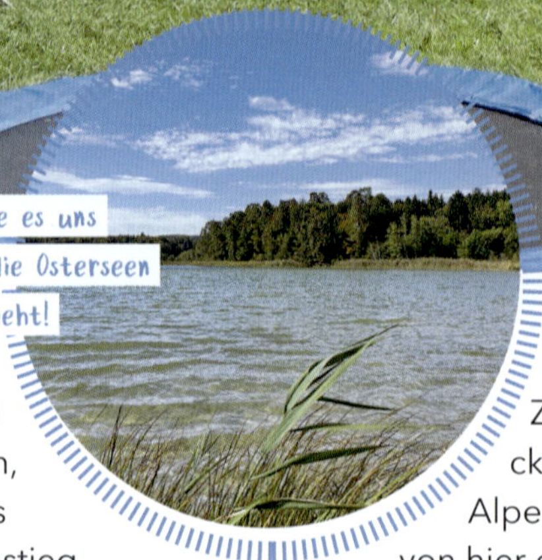

… ehe es uns doch an die Osterseen zieht!

Zuvor müssen wir noch zwei weitere Anstiege bewältigen, die mit 5 % und 9 % teils fies sein können. Am zweiten Anstieg zeige ich den Kindern, wie sie die Steigung verringern können, indem sie die Straße im Zickzack hochfahren, ähnlich den Bergziegen, die sich immer quer zum Hang bewegen. Das geht natürlich nur, weil hier wenig Verkehr herrscht.

Und dann rollen wir schon auf dem Otthof ein. Hier ist nicht nur die Aussicht absolut herrlich. Es gibt einen ganz wunderbaren großen Spielplatz im Garten und sogar eine kleine Spielecke im Inneren, wenn mal schlechtes Wetter ist. Wir genießen ausgiebig die Sonne, den Spielplatz und die Gesellschaft unserer Freunde, bevor wir uns schließlich in Richtung Osterseen aufmachen.

Zurück auf dem Rad blicken wir auf das fantastische Alpenpanorama, das sich uns von hier oben aus bietet, und biegen dann nach zwei Kilometern, nachdem wir die Autobahn überquert haben, scharf nach links ab.

Etwa 700 Meter später geht es wieder nach rechts und einen weiteren Kilometer später dann nach links nach Sanimoor. Auf dieser wenig befahrenen Straße fahren wir nach zwei Kilometern nach rechts, weiter mit Kurs auf die Osterseen.

Wir überqueren vorsichtig die Seeshaupter Straße und biegen dann hinter der Gleis-Unterführung nach rechts in den Wald ein, wo wir kurz darauf noch mal nach rechts abbiegen und der Beschilderung zu den Osterseen folgen. Nun geht es etwa 1,5 Kilometer durch den Wald, ehe wir

Zwischen Iffeldorf und Penzberg noch mal eine ganze Menge Schotter!

einen ersten Blick auf das Wasser werfen können. An der nächsten Kreuzung können wir unsere Räder abstellen und an den See hinuntergehen, oder wir biegen nach rechts ab und statten Gut Aiderbichl und den echten Bergziegen einen Besuch ab. Unsere Tour führt weiter am See entlang, wo Radfahren zwar nicht ausdrücklich erlaubt ist, aber unter Rücksichtnahme geduldet wird.

Durch diesen Kompromiss ersparen wir es uns, einen Abschnitt auf der Schnellstraße zu fahren.

Nach insgesamt 20,5 Kilometern fahren wir dann nach links, um die Runde um den See herum zu vollenden. Hinter der Lauterbacher Klinik folgen wir der Beschilderung und biegen nach links ab, um weiterhin in Sichtweite zum See zu bleiben.

Auf diesem Weg bleiben wir die nächsten drei Kilometer, mal im Schatten zwischen den Bäumen, dann wieder zwischen Wiesen und schließlich mit Blick auf Iffeldorf, worauf wir nach links abbiegend zuhalten.

Wir folgen nun 2,5 Kilometer dem Straßenverlauf, können aber auch noch im Heuwinkl an einem Spielplatz Pause machen.

Unmittelbar vor den Gleisen biegen wir nach rechts ab und folgen so dem Weg nach Penzberg zurück. Vier Kilometer müssen wir nun nur noch diesem Weg folgen.

In Penzberg selbst biegen wir dann nach rechts auf die Karlstraße ab und 600 Meter später wieder nach rechts in die Phillippstraße, sodass wir unmittelbar auf den Bahnhof zufahren.

schwer | 33 km | 250 Hm | 2.15 Std.

Alles auf einen Blick

Tourencharakter
Gut fahrbar für ambitionierte Grundschulkinder

Ausgangs-/Endpunkt
Bahnhof Penzberg

Anfahrt
Bus/Bahn:
Mit der RB66 nach Penzberg, ggf. mit Umstieg in Tutzing

Einkehr
Café Otthof

VON KUCHEN UND FLEDERMÄUSEN

15

Von Murnau aus durchs Moos und hinüber nach Eschenlohe in einen alten Stollen

Wir starten heute vom Bahnhof in Murnau aus in eine fantastische Tour. Nachdem wir bereits die Osterseen (Tour 14) erkundet haben, wird es nun Zeit, das Moos zu umrunden und einen kleinen Abstecher bis nach Eschenlohe zu unternehmen.

Wir verlassen den Bahnhof in südlicher Richtung und radeln über eine Brücke, die die Kohlgruber Straße quert. Dahinter geht es rechts weiter über den Bahnhofplatz. An der Kreuzung Kellerstraße/Kohlgruber Straße fahren wir nach rechts und weiter entlang der Kellerstraße in Richtung Süden.

Bevor die B 2 in eine Unterführung mündet, biegen wir nach rechts ab und fahren den Weg zum Kurpark hinauf. Oben angekommen, geht es unmittelbar wieder nach rechts und etwa 300 Meter später biegen wir nach rechts in die Mühlstraße ein. Wir folgen dieser Straße, bis sie in die Ramsachstraße mündet, und biegen dann nach rechts ab. Nach knapp drei Kilometern haben wir nun die Gaststätte Ähndl erreicht. Hier lässt es sich dank des Spielplatzes und des hervorragenden Blicks ins Moos wunderbar einkehren. Doch jetzt wollen wir erst einmal radeln.

Wir fahren also über die kleine Brücke, die über die Ramsach führt und folgen dem Weg nach rechts ins Moos hinein. Nach vier Kilometern auf diesem flachen Panorama-Weg haben wir die Möglichkeit, einmal nach rechts abzubiegen, die Räder abzustellen und ein paar Meter auf dem Holzbohlen-Moor-Pfad zu spazieren. Das lohnt sich allemal, denn über Holzbohlen zu rennen, hört sich immer fantastisch an.

Zurück auf dem Panorama-Weg radeln wir weitere drei Kilometer und biegen danach nach links auf die Aschauer Straße ab. Ihr folgen wir einen Kilometer, bis uns auf der linken Seite das Café Habersetzer begegnet, welches vor allem bei Radlern nicht nur wegen der perfekten Aussicht, sondern vor allem wegen der tollen Kuchenauswahl beliebt ist. Nach einem kurzen Kuchenstopp geht es weiter auf dem Radweg, der hier Teil des Bodensee-Königssee-Fernradwegs ist. Etwa sieben Kilometer können wir nun einfach dem herrlichen Weg folgen, der bis auf einige land- und forstwirtschaftliche Fahrzeuge sehr wenig befahren ist.

Kurz bevor wir die A 95 erreichen, biegen wir, der Beschilderung folgend, nach rechts ab und fahren 800 Meter später dann wiederum nach links und unter der Autobahn hindurch. Nach einem kurzen Anstieg

Der Erlebnispfad bei Eschenlohe

Aha! Hier geht es auch zum Bohlenweg.

Rutschen an der Gaststätte Ähndl – wie fein!

Weitblick über das Murnauer Moos

Hier geht es in den Stollen bei Eschenlohe ...

Tipp

Der Stollen ist mit einem Bewegungsmelder versehen. Wenn man lange genug stillsteht, geht das Licht darin wieder aus und es kann sein, dass man die im Stollen wohnhaften Fledermäuse ausmachen kann.

erreichen wir den Eingang zum Natur-Erlebnis-Pfad Eschenlohe, der mit seinen vielen Mitmach-Stationen einen kleinen Zwischenstopp durchaus wert ist.

Danach geht es für uns hinunter nach Eschenlohe, und wenn wir mögen, biegen wir hier noch einmal nach rechts ab, um in einen alten begehbaren Stollen hineinzuschauen.

Auf dem Loisachradweg geht es dann wieder zurück in Richtung Norden. Vorbei am Bio-Eis-Automaten nehmen wir Kurs auf Murnau und unser letztes Touren-Drittel. Immer an der Loisach entlang und abseits großer Straßen gelangen wir zunächst nach Ohlstadt, wo wir nach rechts auf die Partenkirchner Straße einbiegen, um den Fluss zu überqueren. Wir radeln am Pumuckl-Museum vorbei und dann nach links, um auf dem Radweg nach Murnau zu bleiben.

Nach einer scharfen Linkskurve und einem Stück entlang der Gleise überqueren wir die Loisach erneut. Nun befinden wir uns auf den letzten fünf Kilometern der Tour. Nachdem wir die Loisach hinter uns gelassen haben, radeln wir nach Hechendorf hinein und müssen hier bereits den

ersten leichten Anstieg mitnehmen. Dann geht es nach rechts auf die Garmischer Straße, die wir ganz gemächlich hochradeln, da sie zwar nicht besonders steil, aber dafür relativ lang ist.

Wir fahren an der Murnauer Schokoladenmanufaktur vorbei und ins Zentrum hinein. Nach genau 35 Kilometern biegen wir nun nach links in die Schlossergasse ab und danach rechts in den Burggraben ein. Dann geht es für uns nach links und wir kehren zurück in den Kurpark von Murnau, sodass wir nun auch den Weg zum Bahnhof zurückfinden. Wer mag, verweilt noch ein wenig in der schönen Murnauer Altstadt, die immer einen Besuch wert ist.

Kurz & knapp

schwer

36 km

250 Hm

2.30 Std.

Tourencharakter
Gut fahrbar für ambitionierte Grundschulkinder

Ausgangs-/Endpunkt
Bahnhof Murnau

Anfahrt
Mit der RB6 nach Murnau

Einkehr
Gaststätte Ähndl;
Eis: Eisautomat Eschenlohe

TRANSALP-TAUGLICHKEITS-TEST

16

Vom Chiemsee hinüber zum Simssee und retour – der Härtetest

Diese Tour ist nichts für Genießer (außer ihr seid motorisiert unterwegs), sondern für alle, die sich und ihre Teenies auspowern müssen, oder die mal testen wollen, was so an Höhenmetern drin ist. Da es in diesem Buch ja nicht nur um Oberbayern, sondern auch um eine Transalp geht, geht es hier nun also auf eine Tour, die eure Anstiegsfähigkeiten herausfordert.

Los geht es am Bahnhof von Prien am Chiemsee. Wir verlassen den Bahnhof in Richtung Norden und nehmen im folgenden Kreisverkehr die dritte Ausfahrt unter den Gleisen hindurch. Der Seestraße folgen wir nun geradewegs, bis sie in die Alte Rathausstraße mündet, dann befinden wir uns bereits auf dem Prientalradweg, in dessen Verlauf wir nach links in die Beilhackstraße einbiegen. Über Trautersdorf geht es nun immer auf diesem Radweg bleibend aus Prien heraus.

Nach etwa 3,3 Kilometern fahren wir hinter Leiten nach rechts auf den Ostsee-Oberbayern-Radfernweg, der uns abermals an der Prien entlang nach Atzing führt. Dafür müssen wir einen kleinen Abschnitt über die Schnellstraße fahren und dann die Abzweigung nach links nehmen, aber durch die gute Beschilderung ist das kein Problem.

An der Mündung zur Stettener Straße geht es dann weiter nach links. Hinter dem Örtchen Stetten wird es immer ruhiger auf unserer Strecke. Der Ausblick ist herrlich und wir radeln in den Wald hinein, wo der Untergrund geschottert ist, sodass wir ein wenig vorsichtiger den Berg hinunterrollen.

Nach 8,3 Kilometern, sobald wir den Wald verlassen haben, geht es nach rechts

Matschstraße an der Ratzinger Höhe

Die Schifffahrt am Chiemsee ist immer äußerst aufregend!

Erst den Berg hochradeln und dann auch noch auf den Turm steigen? ...

Ahoi!

... Für die Aussicht an der Ratzinger Höhe lohnt es sich!

und kurz darauf wieder nach links, immer noch der Radwegbeschilderung folgend. Wir rollen auf Asphalt an Kapellen, Wiesen und Weiden vorbei, durch die Örtchen Mühlham und Abersdorf. In Beuerberg nehmen wir schließlich Kurs auf den Simssee. Dazu biegen wir nach 12,5 Kilometern in Beuerberg nach links ab und gelangen so auf einen Radweg neben der Schnellstraße. Diese überqueren wir und kommen so direkt auf den Simssee-Rundweg, dem wir nach rechts in Richtung Norden folgen. Nach 14,5 Kilometern biegen wir noch einmal nach links zum See hin ab und können erst einmal eine Pause am herrlichen Simssee einlegen.

Zurück auf dem Simssee-Rundweg beginnt nun der anstrengende Teil der Tour. Auf den folgenden zwei Kilometern geht es durch Moosen hindurch, bis wir in Schralling nach rechts abbiegen und dort bis zur Thalkirchner Achen hinunterrollen. Nun geht's bergauf. Wir überqueren den Bach und starten demütig in den Berg mit 7 % Steigung. Dann wird die Steigung fieser, 10 %, 12 %, und wir verringern sie ein wenig durch Zickzackfahren. Wenn wir jetzt klug fahren und ein Tempo finden, das wir durchhalten können, kommen wir bis nach oben. Während wir uns darüber noch Gedanken machen, ist die Steigung bereits wieder bei 9 % und wir können die Kuppe sehen.

Gipfel mit der Gipfelkarte abzugleichen ist gar nicht mal so leicht.

Oben treffen wir auf die Greimhartinger Straße, in die wir kurz nach rechts fahren, um dann nach links auf Hitzing einzubiegen. Dann erreichen wir die Ratzinger Höhe und einen spektakulären Aussichtsturm. Mit Wackelpudding-Beinen wanken wir hinauf und genießen den Ausblick auf das Alpenpanorama.

Nachdem wir uns unseren Sieg gegönnt haben, geht es weiter auf dem Weg, den wir gekommen sind, und an seinem Ende nach rechts zurück auf die Greimhartinger Straße. Wir radeln noch einige Meter bergauf, doch mit wenig Steigung, und dann haben wir nach 22 Kilometern auch schon den höchsten Punkt unserer Tour überschritten. Wir rollen 600 Meter den Berg hinab und biegen dann nach links zum Gasthof Ratzinger Höhe ein. Die kleineren Kinder toben sich hier auf dem herrlichen Ritter-Spielplatz aus, während wir Großen uns vom Anstieg erholen.

Nachdem wir uns gestärkt, gespielt und die Aussicht genossen haben, geht es zurück auf die Greimhartinger Straße, die hinunter zum Chiemsee führt. Nach 24,6 Kilometern biegen wir nach links ab und radeln an der Landstraße entlang nach Rimsting. Wenn wir auf die Priener Straße treffen, biegen wir nach rechts ab

Hier passt einfach alles: Essen, Aussicht, Spielplatz – der Gasthof Ratzinger Höhe ist ein Muss!

und fahren dann unmittelbar darauf nach links in die Hochriesstraße. Diese verlassen wir an der zweiten Kreuzung wieder nach links und biegen schließlich nach rechts auf die Radroute ab. 500 Meter weiter geht es nach links zum Strandbad Rimsting hinüber. Jetzt rollen wir nur noch gemütlich an der Promenade entlang, lassen uns den Wind durch die Haare wehen und werfen einen Blick auf den eindrucksvollen Chiemsee. Wir verweilen noch eine Weile am Priener Hafen, schauen uns die Schiffe an und spielen in dem großen Spielschiff, ehe wir müde und zufrieden auf der Seestraße zurück zum Bahnhof radeln.

So. Und wenn ihr das jetzt geschafft habt und immer noch Lust habt zu radeln, dann heißt es: Ab über die Alpen!

schwer | 32 km | 470 Hm | 3 Std.

Alles auf einen Blick

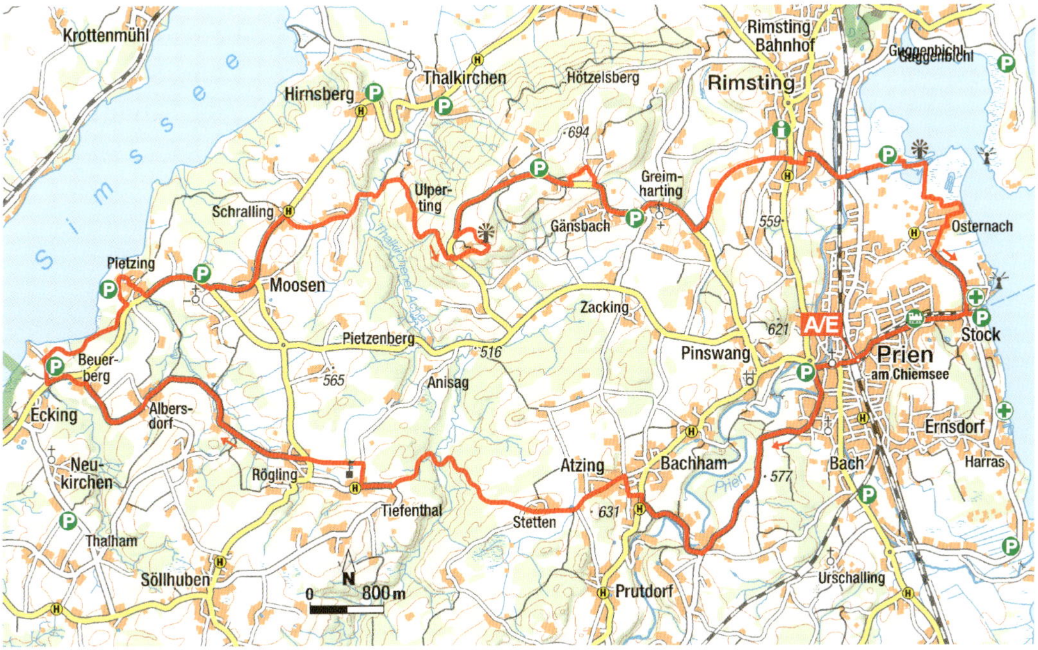

Tourencharakter
Für alle, die es wissen wollen

Ausgangs-/Endpunkt
Bahnhof Prien am Chiemsee

Anfahrt
Bus/Bahn:
Mit dem RE5 nach Prien am Chiemsee

Einkehr
Gasthof Ratzinger Höhe

ÜBER ALLE BERGE
Transalp-
INFOS

Rapha.

RADREISE mit Kindern – die PLANUNG

Die Idee

Mit Kindern auf Radreise? Für manche sicher nicht allzu abwegig, für andere hingegen schier unvorstellbar. Wie soll das gehen? Wie plant man so was? Wann fängt man damit an? Und vielleicht: Warum sollte man das überhaupt tun?

Als wir nach Oberbayern gezogen sind, war mir innerhalb des ersten Jahres klar, dass ich eines Tages mit dem Rad über die Alpen fahren will. Mein Partner Peter war nicht so schnell überzeugt. Obwohl er derjenige von uns ist, der bereits in seiner Jugend durch Frankreich geradelt ist, war ihm das Konzept Radreise mit Kindern erst einmal suspekt. Der Alltag ist ja schon anstrengend genug, wie soll das dann auf Radreise erst sein?

Im Arm der Schwester auf dem Rad einschlafen? Auf Transalp völlig normal!

Von diesen ersten Gedanken brauchte es dann drei ganze Jahre, eine weltweite Pandemie, ein drittes Kind und jede Menge Recherche, bis die Sache Form annahm. Diese ganze Recherche möchte ich anderen Familien gerne ersparen und teile daher unser gesammeltes Wissen und unsere Erfahrungen zur Familien-Transalp.

Die Reise nimmt Gestalt an

Der beste Zeitpunkt für alles, was Freude macht, ist natürlich immer jetzt. Oder morgen. Auf jeden Fall zeitnah. Im Fall unserer Familien-Transalp waren die Pfingstferien 2023 der ideale Zeitpunkt. Das größte Kind war mit 14 Jahren fit und sportlich genug, um die Strecken selbst zu bewältigen und uns sogar mit dem Gepäck zu unterstützen. Das kleinste Kind mit seinen zwei Jahren passte bequem in den Fahrradanhänger, konnte dort gut schlafen oder saß fröhlich hinten auf dem Lastenrad.

Unser mittleres Kind hingegen war das Nadelöhr der Reise. Mit acht Jahren und teils mäßiger Sportbegeisterung mussten wir einen Weg finden, das Kind motiviert und stressfrei über die Alpen zu bringen. Um K2 überhaupt erst einmal für die Idee einer solchen Reise zu begeistern, begannen wir, Bücher zu lesen, Youtube-Videos zu schauen und uns auszumalen, wie stolz wir sein würden, wenn wir am Gardasee ankämen.

Und überhaupt, welche Route wollten wir fahren? Die Via Claudia Augusta zeichnete sich nach kurzer Recherche schnell als eine der beliebtesten und entspanntesten Routen für die Reise von Penzberg nach Riva del Garda ab. In manchen Fahrradforen wurde sie als die Familienroute angepriesen, also genau das Richtige für uns.

Die Setup-Frage hat uns dann tatsächlich am längsten beschäftigt. Und das ausgerechnet, weil wir in der privilegierten Situation waren, überhaupt die Wahl zu haben.

Während wir anfangs noch planten, K2 komplett alleine radeln zu lassen, und daher sehr kurze Etappen kalkulierten, verwarfen wir die Idee zwischenzeitlich wieder und dachten, es würde komplett hinten auf dem Lastenrad mitfahren. Aber wie langweilig wäre das gewesen? Auch all die Stunden, die wir mit Youtube-Videos und Reiseberichten verbracht hatten, wären vergebens gewesen. Irgendwann fanden wir mehr zufällig heraus, dass das Fahrrad von K2 in den Anhänger von K3 hineinpasste,

Vom großen Bruder zum Trinken unter den Brunnen gehalten werden? Auch völlig normal!

und so war unser Notfallkonzept geboren. K2 konnte so lange radeln, wie es wollte, und notfalls mit aufs Lastenrad und musste somit nicht weiterfahren, wenn es einfach nicht mehr ging. Nun hatte zwar einerseits der Mann das Problem, dass sein Rad immer schwerer bepackt wurde, aber andererseits ist so ein Lastenrad ja genau dafür da: schwere oder viele Lasten zu transportieren. Und da darf man das Rad auch durchaus mal an seine Grenzen bringen.

Die Routen- und Etappenplanung

Wen wir nicht an ihre Grenzen bringen wollten, waren die Kinder. Da unser Konzept eine Reise an Pfingsten mit Übernachtungen im Zelt beinhaltete, waren wir relativ optimistisch, dass wir wenig Probleme mit

Strampeln und Schlemmen ist das Motto!

überfüllten Campingplätzen haben würden. Daher buchten wir vor der Reise keinen einzigen Campingplatz im Voraus (was oft auch nicht möglich ist, da Zeltwiesenplätze nicht reserviert werden, man kann nur die teureren Stellplätze reservieren) und waren so auch nicht gezwungen, bestimmte Ziele zu erreichen. Der Plan war: So lange radeln, wie wir wollen, und dann den nächsten Campingplatz ansteuern.

Da wir also campen wollten, haben wir uns an dem Punkt natürlich wesentlich mehr Gepäck zugemutet, dadurch aber auch deutlich mehr Flexibilität gewonnen, als wenn wir feste Unterkünfte hätten vorbuchen müssen.

Innerhalb unseres Urlaubszeitraums von 14 Tagen sollten nun 450 Kilometer bewältigt werden.

Grob geplant waren somit 9 Tage mit je 50 Kilometern Strecke und 5 Pausen- oder Puffertage.

Diese Abschnitte plante ich mit Google Maps, der offiziellen Seite der VCA, Komoot und einer individualisierten Karte von Google My Maps.

Daraus entstanden dann zunächst drei wilde Tabellen mit Etappenstart und -ziel , Etappenlängen, Höhenmeterangaben, möglichen Campingplätzen, Sehenswürdigkeiten und Spielplätzen, an denen wir auf unserem Weg vorbeikommen würden.

Kurz vor der Reise kannte ich beinahe jeden Stein, der uns auf dem Weg begegnen würde.

Schabernack den ganzen Tag!

Tolle E-Bike-Infrastruktur auf der Via Claudia August

Und das war für mein Gefühl sehr gut: Wer mit Kindern reist, hat oft mit unvorhergesehenen Ereignissen zu tun, da sollte wenigstens der Weg keine allzu große Überraschung mehr sein.

Irgendwann stand also ein grober Reiseplan, auch die Rückfahrt mit einem Bustransfer der VCA war gebucht und es konnte losgehen.

Final sind wir dann die folgenden Etappen gefahren.

Dreimal haben wir uns dabei spontan entschieden, von unserem ursprünglichen Plan abzuweichen:

Etappe 1	von Penzberg nach Schmölz bei Garmisch	45 km	290 Hm
Etappe 2	von Schmölz nach Nassereith	45 km	680 Hm
Etappe 3	von Nassereith nach Prutz	51 km	480 Hm
Etappe 4	von Prutz nach Pfunds	22 km	290 Hm
Etappe 5	von Pfunds nach Mals	44 km	810 Hm
Etappe 6	von Mals nach Naturns	49 km	170 Hm
Etappe 7	von Naturns zum Kalterer See	63 km	120 Hm
Etappe 8	vom Kalterer See nach Trient	52 km	130 Hm
Etappe 9	von Trient nach Riva del Garda	48 km	250 Hm

Der nachfolgende Teil wird nun eine Mischung aus **Radreiseführer** und **Radreisebericht,** da es mir wichtig ist, transparent darzustellen, welche Challenges wir meistern mussten und warum wir uns teils für sehr kurze oder sehr lange Etappen entschieden haben.

Besonders betonen möchte ich noch, dass jede Familie ganz individuell auf ihre eigenen Bedürfnisse achten muss. Was für uns funktioniert hat, wird nicht für alle anderen funktionieren, weil Kinder/Equipment/körperliche und mentale Fitness komplett unterschiedlich sein können.

Packliste RADREISE

Fahrrad-Equipment

- Packtaschen
- Ersatzschläuche
- Bremszüge/Beläge
- Beleuchtung
- Luftpumpe
- Flickzeug
- Abschleppseil
- Multitool/Leatherman
- Kabelbinder/Expander

K3

- Schwimmflügel
- Windeln
- Tragetuch
- Sonnenhut
- Feuchttücher

Persönliches

- Ausweise
- Krankenkassenkarten
- Impfpass
- Bargeld

Kleidung

- Radhose
- Trikot
- Socken
- Regenjacken
- Duschlatschen
- lange Unterwäsche
- warmer Pulli
- Funktionsjacke
- Regenhosen
- Badesachen
- Unterwäsche
- Schlafsocken
- normale Schuhe
- Mütze

Camping-Equipment

- Zelt
- Isomatten
- Schlafsäcke
- Picknickdecke
- Wäscheleine
- Stirnlampen
- Stühle
- Tisch

Auf dem Rad

- Helm
- Handschuhe
- Funktionstuch
- Radschuhe
- Sonnenbrille
- Trinkflaschen
- Stirnband
- Radel-Cap

Sonstiges

- Powerbank
- Ladekabel
- Taschentücher
- Plastiktüten
- Garmin/Wahoo
- Panzertape
- Einweghandschuhe
- Voltaren
- Mückenspray
- Tagesrucksack
- Uno

Küche

- Topf
- Kocher
- Geschirr
- Kochlöffel
- Salz/Pfeffer/Gewürze
- Wassersack
- Spülmittel/Schwamm
- Geschirrhandtücher
- Kaffee
- Feuerzeug
- Messer/Brett

Hygiene

- Handtücher
- Waschmittel
- Sonnencreme
- Shampoo/Duschgel
- Zahnputzkram
- Bürste
- Haargummis
- Medikamente
- Pinzette/Nagelschere

Rückreise
RADREISE

Nicht ganz unwichtig bei der Planung ist die Frage: Wie komme ich nach einer Radreise wieder nach Hause?

Option 1:

Rundreise planen. Die einfachste Lösung ist natürlich, mit dem Rad wieder heimzufahren, was aber auf Kosten der Distanz geht.

Option 2:

Züge. Über die DB lassen sich auf IC/ICE-Strecken Fahrräder mitnehmen, wenn die Tickets für die Mitnahme zeitig gebucht werden. Wenn ihr zu einem bestimmten Zeitpunkt mit Rädern reisen wollt, solltet ihr euch sechs Monate vorher, sobald die Tickets buchbar sind, darum bemühen.

Wer alleine reist, kann sicherlich auch sein Rad zerlegen und verpacken und so auf das Fahrradticket verzichten, aber für eine ganze Familie ist der Aufwand hierfür zu groß.

Für Regionalbahnen ist keine Reservierung für Fahrräder möglich. Auf manchen Strecken kann es daher schwierig sein, einen Platz zu bekommen. Gute Planung ist hierbei sehr sinnvoll, z. B. sollten Stoßzeiten vermieden werden und es ist sinnvoll, am Beginn der Bahnstrecke einzusteigen, wenn der Zug noch leer ist, etc. Uns als fünfköpfige Familie war das zu riskant, wir wollten etwas mehr Planungssicherheit.

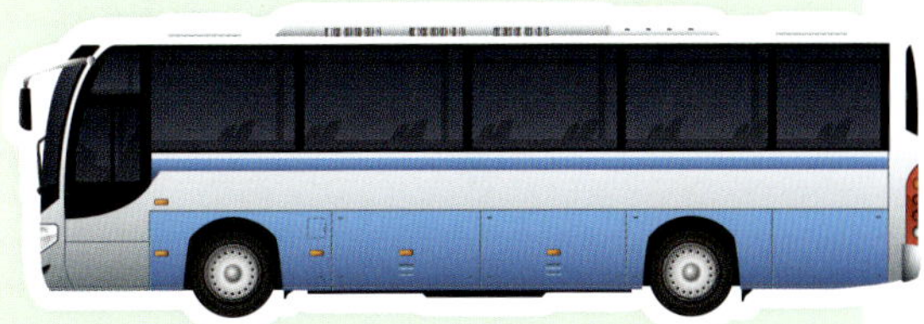

Option 3:

Busse. Flixbus bietet mittlerweile die Fahrradmitnahme an, maximal aber nur fünf Räder pro Bus und auch keine E-Bikes. Über die Seite der VCA werden Bus-Shuttles für die Rückreise angeboten. Hierbei werden die Fahrräder in einem extra Anhänger transportiert, was für uns hervorragend funktioniert hat.

VIA CLAUDIA AUGUSTA ÜBER FERNPASS

Transalp-TOUREN

TRANSALP ETAPPE 1

T1 

Es geht endlich los – von Penzberg nach Schmölz

Wir starten unsere erste Alpenüberquerung aus dem oberbayerischen Penzberg. Für die erste Etappe haben wir uns vorgenommen, Garmisch-Partenkirchen anzusteuern – den letzten Campingplatz auf deutscher Seite in Richtung Fernpass. Dabei erwarten uns ohne Umwege 45 Kilometer Wegstrecke und etwa 290 Höhenmeter.

Los kommen wir erst gegen 11 Uhr. Zu viele Kleinigkeiten müssen wir noch arrangieren, letzte Dinge packen, die Räder aufpumpen und uns von den Nachbar*innen verabschieden, die noch immer nicht richtig glauben können, was wir hier vorhaben.

Dann geht es in den Sattel und wir rollen Richtung Süden aus Penzberg hinaus. Das Wetter ist wunderbar und wir haben unser Ziel bereits fest im Blick: die Zugspitze.

Wir radeln unter der B 472 hindurch und hinüber nach Sindelsdorf. Dort geht es auf den Feldweg entlang der A 95. Wir haben noch keine fünf Kilometer geschafft, da spricht uns schon das erste radfahrende Pärchen an. Sie sind ganz begeistert von unserem Vorhaben. Beschwingt von ihrem Zuspruch geht es für uns weiter.

Nach knapp zehn Kilometern machen wir hinter Zell unseren ersten Pausen-Stopp. K3 wechselt müdigkeitsbedingt vom Lastenrad in den Fahrradanhänger und die ersten Snacks werden verteilt. Noch wissen wir nicht, dass dies nun der Rhythmus für unsere Reise sein wird: Radeln – Pause – K3 umsetzen – Snacks verteilen – Weiterradeln.

Wir bleiben auf dem Radweg und fahren durch Großweil, wo K2 und ich mit einem Anstieg kämpfen. Das Gepäck sind wir noch nicht gewohnt, aber dafür schlagen wir uns doch alle sehr gut. Hinter Großweil müssen wir einmal die Straßenseite wechseln, um auf der Radroute nach Ohlstadt zu bleiben. Danach passieren wir das Gestüt Schwaiganger.

Bei Ohlstadt steht die erste größere Pause an. Wieder sind zehn Kilometer geschafft und wir halten am Spielplatz am Solarfreibad. Einige Brezn, ein paar Bananen und mehrere Runden Seilbahn später sitzen wir dann wieder im Sattel. Wir biegen noch in Ohlstadt auf die Heubergstraße in Richtung Eschenlohe ab, die im späteren Verlauf geschottert ist. Auf Schotter sind wir vorbereitet, zunächst also kein größeres Problem. Die Bahnstrecke neben uns erheitert dann und wann K3. Züge sind während der gesamten Reise immer ein großes Highlight.

In Eschenlohe müssen wir einmal die Loisach überqueren und dann geht es immer am Fluss entlang nach Oberau.

K2, unser Nadelöhr, fährt wie eine Weltmeisterin auf dem asphaltierten Radweg.

Spannend, wie hier das Wasser zusammenfließt!

Durch die Weidelandschaft bei Eschenlohe – herrlich!

Ankunft in Garmisch – müde, aber zufrieden!

Die erste Pause gibt es bereits nach 10 km.

Kurz vor Oberau queren wir den Gießenbach auf einer kleinen Brücke. K2 und ich bleiben fasziniert stehen, denn an der Stelle, wo Gießenbach und Loisach ineinanderfließen, treffen ein glasklarer Bach und ein kalkig brauner Fluss aufeinander.

Bei Oberau müssen wir einen kurzen Abschnitt über die Straße radeln, bis wir den Schildern folgend wieder zurück auf den Loisachradweg kommen. Nun sehen wir allerlei Schafe und jede Menge Kühe, die teils seelenruhig über den Radweg traben und uns aufregend nahe kommen.

Bei Burgrain angekommen, überqueren wir die Loisach auf der Hauptstraße und folgen dann rechts dem Loisachradweg weiter in Richtung Garmisch-Partenkirchen.

Nach insgesamt 40 Kilometern macht der Radweg dann einen Knick nach rechts und wir biegen auf die Martinswinkelstraße ab. Das ist für uns nun auch der Punkt, an dem wir für heute einfach nur noch ankommen möchten. Also satteln wir K2 mit aufs Lastenrad und verstauen das Kinderrad im Fahrradanhänger. Für K2 war diese 40-Kilometer-Strecke die längste Strecke, die sie bisher geradelt ist.

Mit den sicher verstauten Kindern fahren wir nun die letzten fünf Kilometer auf dem Loisachradweg, ehe wir den Campingplatz erreichen.

Nachdem wir unsere Zelte aufgebaut und zu Abend gegessen haben, machen wir uns bettfertig und fallen alle müde in die Zelte. Die erste Etappe ist geschafft.

Schlafen unterhalb der Zugspitze

Kurz & knapp

schwer | 45 km

290 Hm | 3 Std.

Ausgangspunkt
Penzberg

Endpunkt
Schmölz bei Garmisch-Partenkirchen

Sehenswertes
Kuhfluchtfälle, Zugspitze

Spielplatz
Am Walderlebnispfad in Farchant

Einkehr
Pizza-Empfehlung: Pizzeria Peperoncino in Garmisch-Partenkirchen; Eis: Eisautomat Eschenlohe

Unterkunft
Der Campingplatz Camping Erlebnis Zugspitze ist der einzige in Garmisch, auf dem man mit Rad und Zelt unterkommt.

Es gibt zwei große Zeltwiesen und auf der einen befindet sich ein kleiner Spielplatz und ein Tisch, was super zum Kochen ist.

Es gibt im Waschhaus keine Wickelmöglichkeit und die große Straße nebenan ist sehr laut.

Also ja, man hat bei gutem Wetter einen Erste-Reihe-Platz vor der Zugspitze, aber dafür zahlt man dann auch vergleichsweise viel Geld.

Einmal genauer hinschauen, bitte

Peißenberg
Etting
Eberfing
Berg
Kohlleiten
664
Ober-
hausen
Unter-
-maxlried
Hugfling
Ober-
651
Schafbichel
Egenried
Angerberg
657
Unter-
eurach
Antdorf
Penzberg
A
Unter-
söchering
Ober-
söchering
664
Emmenzberg
Atzenberg
677
Eglfing
Dürn-
hausen
Habach
Sindels-
dorf
Schweinberg
760
Spatzen-
hausen
Uffing
am Staffelsee
Aidling
Baumberg
807
Schöffau
Hofheim
Riegsee
Kalkofen
Riedhausen
Riegsee
Kleinweil
Bichelsberg
693
NSG
Staffel-
see
Murnau
am Staffelsee
Hellersberg
700
Hagen
Großweil
Unterau
Röhrsee
Westfried
Bad
Kohlgrub
NSG
Murnauer
Moos
E533
95
Schlehdorf
Kochel
Rißberg
1425
Grafen-
aschau
Kochelsee
Hechendorfer
Berg
1291
Steinköchel
717
Ohlstadt
Rötelstein
1395
Stein
930
Jochberg
1565
Unter-
ammergau
Schwaiger
Berg
1365
Herzogstand
1731
Ober-
ammergau
Hirschberg
1660
Eschen-
lohe
Walchensee
Walchen-
see
Schaffelberg
1434
NSG
Kl. Laber
1205
Zwölferköpfl
1656
Simetsberg
1840
Ettal
Oberau
Notkarspitze
1888
Klausenkopf
1181
Schafkopf
1380
Krottenkopf
2086
Schafkopf
1305
Farchant
Ochsenberg
1694
Untergrasberg
1727
Burgrain
Zunderkopf
1611
Wallgau
Ochsenstaffel
1871
Sonnenbichl
Rindberg
1316
Krün
Garmisch-
Partenkirchen
Krapfen-
karspitze
2110
Kalten-
brunn
Gerold
E
Breitenau
Lausberg
1854
Schmölz
Kainzenbad
Klais
1237
Eckbauer
Elmau
N
0
2 km
Mittenwald

TRANSALP ETAPPE 2

T2

Unsere erste Passüberquerung – von Schmölz nach Nassereith

Tag zwei unserer Transalp bricht an. Während wir versuchen, unsere Zelte in dem bisschen Sonne, das bereits scheint, zu trocknen, kocht Peter uns ein Apfel-Zimt-Porridge. Die Handgriffe sitzen noch nicht so recht. Wie faltet man das Zelt noch mal zusammen? Welche Tasche haben wir wo angebracht? Wer füllt die Trinkflaschen auf? Wir müssen uns noch einruckeln.

Kurz bevor wir losfahren wollen, kommen wir mit einer weiteren Radreise-Familie ins Gespräch, von deren Reiseplänen und Setup wir direkt begeistert sind. Nachdem wir uns verabschiedet haben, kommen wir auch endlich los. K2 sitzt dabei auf dem Lastenrad, da wir erst einmal ein wenig Strecke machen wollen. Unser ursprünglicher Plan sieht nämlich vor, dass wir bis nach Imst fahren und dabei rund 60 Kilometer und 700 Höhenmeter zurücklegen werden.

Wir verlassen den Campingplatz wieder auf dem Loisachradweg in Richtung Ehrwald und Fernpass. Hinter Grainau fahren wir durch die wunderschönen Loisachauen. Der Familie vom Morgen begegnen wir unterwegs noch mehrere Male. Es ist schön, diese Erfahrung mit einer anderen Familie teilen zu können. Auf den folgenden rund 19 Kilometern haben wir immer wieder Loisach – Schotter – Berge vor uns. Und obwohl es monoton sein könnte, ist die Umgebung einfach wunderbar. Eine Weile nach unserer Abfahrt schläft K3 auf dem Lastenrad in den Armen von K2 ein. Unterwegs kommen wir mit einer Gruppe älterer Herren ins Gespräch, die ebenfalls mit dem Rad an den Gardasee wollen und uns anbieten, schon mal vorzufahren und einen Aperol für uns mitzubestellen. Eine sehr nette Begegnung.

Nach 17 Kilometern machen wir unsere erste Pause des Tages an einem Pausenplatz, der uns quasi in den Schoß fällt. Am Häselgehr-Wasserfall halten wir für Fotos und einen Snack an. Wenige Kilometer später sind wir dann in der Zugspitzarena angekommen. Die Ebene zwischen Lermoos, Ehrwald und Biberwier bietet einen wunderbaren Weitblick auf die umliegenden Berge und auf die für uns unbekannte Rückseite der Zugspitze. An einer Art Spielplatz mit anliegender Toilette (Wasser auffüllen!) und Outdoor-Sitzecke treffen wir die Familie von heute Morgen wieder und wir machen gemeinsam Mittagspause. Wir tauschen Telefonnummern aus und unterhalten uns über unsere Reiseziele. Nach der ausgedehnten Pause trennen sich unsere Wege aber final. Für sie geht es über Lermoos Richtung Bodensee und für uns nun

Heute sehen wir viel Schotter.

Der Häselgehr-Wasserfall, unmittelbar an der Strecke

Schloss Fernstein hinter dem Pass

auf den Fernpass, über den ich im Vorfeld viel mehr nachgedacht habe, als ich hier eigentlich zugeben möchte.

Nach wie vor orientieren wir uns einfach an der Radwegbeschilderung zum Fernpass. Kurz vor Biberwier müssen wir dann die ersten Höhenmeter bewältigen. K2 schlägt sich sehr tapfer, aber in Biberwier wird die Steigung an der Sommerrodelbahn so stark, dass wir absteigen und schieben müssen. Das erste von vielen Malen an diesem Tag.

Von nun an befinden wir uns auf der Via Claudia Augusta und die Wege sind entsprechend ausgeschildert. Und dann sind wir plötzlich auf dem Weg zum Fernpasses. K2 und ich versuchen so lange wie möglich

Die Zugspitzarena hinter uns lassend

Landschaftlich ist diese Etappe eine der schönsten ...

... wenn auch anspruchsvollsten!

konzentriert voranzukommen, aber bald überschlagen sich die Ereignisse und wir müssen uns einen guten Plan machen. Wir haben zu dem Zeitpunkt etwa ein Drittel des Anstiegs geschafft, vielleicht 200 Höhenmeter, doch der Schotter und die teils sehr steilen Anstiege machen es K2 schwer.

Als wir gerade überlegen, sie mit aufs Lastenrad zu setzen und das Rad in den Anhänger zu stellen, beginnt es zu regnen. Wir setzen also K3 in den Anhänger, damit sie trocken bleibt. Dann der nächste GAU. K2 hat ihre Regenjacke vergessen, also gebe ich ihr meine. Während wir dabei sind, alle einzupacken, macht K3 jedoch deutlich, dass sie auf keinen Fall alleine im Anhänger sitzen will, wenn gerade alle so aufgeregt sind. Es hilft alles nichts, ich nehme K3 im Tragetuch auf den Rücken und beginne mein Rad zu schieben. Peter nimmt K2s Rad auf den geschlossenen Anhänger (geht nämlich auch, wie wir jetzt feststellen) und K2 sitzt mit Schirm auf dem Lastenrad.

Und dann wandern wir. Plötzlich platzt ein Knoten und wir funktionieren alle. K1 fährt mit seinem Rad wie ein Weltmeister die grob geschotterten Anhöhen hoch und kommt dann direkt wieder herunter, um mir mein Rad abzunehmen.

Peter fährt sein E-Bike, so gut es klappt, doch K2 muss immer wieder selbst laufen, weil der Schotter einfach zu rutschig ist. Also wandern K2 mit mir an der Hand und K3 auf meinem Rücken den Fernpass hinauf. Irgendwann haben wir es tatsächlich geschafft und die höchste Stelle des Fernpasses erreicht. Dann lässt auch der Regen nach und wir alle entspannen uns ein wenig.

K3 kommt wieder in den Anhänger, K2 aufs Lastenrad und K1, die Maschine, wird mit Lob überhäuft. Es geht endlich wieder bergab, doch von der naiven Vorstellung, dass wir nun schneller vorankommen, müssen wir uns leider schnell verabschieden. Der Weg ist teilweise sehr steil, sehr grob geschottert und schmal. Was wir uns an Kraft in den Beinen sparen, müssen wir nun fürs Bremsen aufwenden.

Als wir realisieren, wie lange es noch dauern würde, bis nach Imst zu kommen, suchen wir uns einen näher gelegenen Campingplatz. Neues Ziel: Nassereith.

Langsam rollen wir also den landschaftlich wunderschönen, radwegtechnisch katastrophalen Fernpass wieder hinab. Auf der gesamten Länge von etwa zehn Kilometern begegnen uns auf dieser Strecke fernab der Schnellstraße lediglich Mountainbiker. Ja, wir sind langsam und werden oft überholt, aber nur von E-Bikes oder leicht bepackten Radler*innen. Das wird zu unserem Mantra, um den sportlichen Ehrgeiz hochzuhalten. »Ja, wir sind langsam, aber es hat uns auch noch niemand mit unserer Menge an Gepäck überholt!«

Irgendwann erreichen wir die Spurrillen der alten Römerstraße, felsige Engstellen und schließlich Schloss Fernstein und den Fernsteinsee. Die Ebene ist eine Wohltat für unsere Hände. Nun wollen wir nur noch die letzten Meter nach Nassereith hineinrollen, aber der Campingplatz liegt leider auf einer Anhöhe. Als wir ankommen und unser Zelt aufstellen wollen, lässt K1 sich völlig fertig ins Gras fallen, sodass wir sein Zelt für ihn mit aufbauen.

Danach gehen wir eine Pizza essen. Zu Fuß. Denn aufs Rad möchte heute keiner mehr.

Wenn sogar K1 fertig ist, war es ein harter Tag.

Resumee: Aus Transparenzgründen würde ich hier gerne noch ein paar Gedanken zum Fernpass niederschreiben. Es war von vornherein klar, dass dies das anspruchsvollste Stück der Strecke sein würde, und ich habe mir daher im Vorfeld hierüber die meisten Gedanken gemacht. Es war für uns zu keiner Zeit eine Option, mit unseren Kindern über die vielbefahrene Fernpassstraße zu fahren. Wir kennen diese Strecke und es erschien uns keine gute Wahl. Eine andere Option ist es, an dieser Stelle einen Linienbus zu nehmen. Die Busse haben auf dieser Route die Möglichkeit der Fahrradmitnahme. Wir wollten aber nicht »abkürzen«, und das Lastenrad hätte der Bus ohnehin nicht mitnehmen können, also haben wir uns für die alte Fernpassstraße, den Römerweg entschieden.

Heute würde ich diese Strecke, obwohl ich uns alle für relativ sportlich halte, nicht mehr gemeinsam mit meinen Kindern fahren. Es war zwar alles in allem eine gute, lehrreiche und wertvolle Erfahrung, uns dort durchzuarbeiten und zu sehen, wie stark wir gemeinsam als Team sind, aber es hat an keinem Punkt Spaß bereitet.

Daher empfehle ich an dieser Stelle vor allem Familien mit selbstfahrenden Kindern gerne die Bus-Variante!

Kurz & knapp

schwer | 45 km | 680 Hm | 4 Std.

Ausgangspunkt
Schmölz

Endpunkt
Nassereith

Sehenswertes
Häselgehr-Wasserfall

Spielplatz
Fitnessparcour Lermoos, direkt am Radweg

Einkehr
Pizza-Empfehlung: Pizzeria Papalina Nassereith

Unterkunft
Der Camping Rossbach in Nassereith ist ein Familienbetrieb und sicher nicht der modernste Campingplatz. Dafür konnten wir hier sehr preiswert inklusive Stromanschluss übernachten, man hat uns ganz selbstverständlich dafür einen CEE-Stecker ausgeliehen und es herrschte eine super freundliche Atmosphäre. Für eine Nacht der perfekte Campingplatz.

Zwischen Gleisen und Loisach fahren wir über die erste Grenze nach Österreich.

Schäferblasse
1764
Kuchelbergkopf
2026
Brünstelskopf
1814
Felderkopf
1818
Geierköpfe
2161
Frieder
2053
Gugger
1863
Hirschbichel
1935
2052
Schellschlicht
Scharfeck
1926
Predigtstuhl
1818
Schellkopf
1832
Schönjöchl
1661
DEUTSCHLAND
Rauheck
1636
Garmisch-
Partenkirchen
A
Soldatenköpfe
1765
23
Unter-
grainau-
Schmolz
Plan-
see
Griessen
Zirmerskopf
1108
Ober-
Mittelberg
1526
Loisach
Hammers-
bach
Lichtbrenntjoch
1960
187
Eibsee
Eibsee
Rauher Kopf
1811
Oberleiten
1608
Pitzenegg
2174
ÖSTERREICH
Großer
Waxenstein
Alpspitze
2628
Grantjoch
2125
Lichtenberg
1800
Zugspitze
2962
Lähn
Wengle
Zugspitzeck
2815
Kleiner
Kirchturm
2368
179
Ober-
-garten
187
Unter-
Bleispitze
2225
Leermoos
Ehrwald
Wettersteinspitzen
2746
2676
Hoher
Kamm
Westl. Plattspitze
2375
Lische
2230
Grubigstein
Biberwier
Rauher Kopf
1898
Blindsee
Breitenkopf
2459
Schartenkopf
2332
Hohe Wand
2715
179
Wetterkreuz
1920
Judenkopf
2021
Wannig
2493
Wankspitze
2209
Nisskogel
1710
E
Affenhausen
Nassereith
Ober-
mieming
Telfs
Dormitz
Holzleiten
189
189
Obsteig
Unter-
mieming
Inn
189
E60
A12
171
Rietz
N
0
2 km
Mötz
Dollinger
Stams

TRANSALP ETAPPE 3

T3

Durchs Gurgltal und am Inn entlang – von Nassereith nach Prutz

An Tag drei wollen wir es in 47 Kilometern und 420 Höhenmetern von Nassereith über Imst bis nach Prutz schaffen. Einen Wecker benutzen wir nicht, es wird aufgestanden, wenn K3 uns weckt. Diesmal sind wir ein wenig routinierter. Die Zelte sind schneller zusammengepackt, das Geschirr vom Porridge schneller abgespült und überhaupt scheinen wir langsam einen Rhythmus zu finden.

Wir verlassen Nassereith über den Radweg neben dem Rossbach und biegen dann nach links in Richtung Imst ab. Immer der Via Claudia Augusta folgend, gelangen wir auf ein geschottertes Waldstück. So wird der Weg auf einer Länge von etwa sechs Kilometern bis kurz vor Imst nun weiter verlaufen. Schotter, Wald, ein wenig bergauf, ein wenig bergab.

Wir gelangen an ein Weidegatter, durch das wir hindurchmüssen. Dahinter warten jede Menge Kühe auf uns. Die Nähe zu solch großen, ruhigen Tieren ist wie immer beeindruckend. Gemütlich radeln wir in K2s Tempo durch den Wald. An zwei Anhöhen schiebt das Kind. Irgendwann sehen wir ein Kneippbecken rechts von uns, doch zum Kneippen ist es uns noch zu schattig. Kurz darauf erreichen wir die Knappenwelt Gurgltal. Der direkteste Weg wäre es nun, auf dem Gurgltal-Radweg weiter geradeaus zu fahren. Wir bleiben allerdings auf der Via Claudia Augusta, um einmal komplett durch Imst zu radeln, also biegen wir hier nach rechts ab und nehmen Kurs auf Tarrenz. Nach diesem kleinen Schlenker kommen wir wieder auf den Radweg, der uns direkt zu einem wunderschönen Spielplatz führt. Der Spielplatz Hexengartle lädt zum Verweilen ein und wir machen nach zwölf Kilometern eine erste wohlverdiente Pause.

Dann geht es weiter nach Imst hinein, wo an diesem Tag ein Sportevent stattfindet. Alles ist voll mit Sportlern, aber immerhin sind keine Autofahrer unterwegs. Wir passieren den Eingang zur Rosengartenschlucht, die wir auf einer zweiten

Wissens-Tipp

Die Knappenwelt Gurgltal ist eine Art Erlebnis-Museum zur Bergbauhistorie des Gurgltals. Gerade für Kinder ist sie sehr ansprechend und unterhaltsam gestaltet.

Zwischen Nassereith und Imst

Die Tiroler Berge sind einfach schön.

Fantastische Pizza in Prutz

Der Pausentag auf unserer zweiten Tour hat sich sehr gelohnt.

Kurz vor Prutz lassen wir uns fotografieren.

K3 liebt ihren Platz auf dem Lastenrad, sogar wenn Pause ist.

Radreise im Sommer noch einmal durchwandern werden.

Hinter Imst treffen Gurgltal-Radweg und Via Claudia Augusta wieder aufeinander und münden hinter der Autobahnunterführung gemeinsam in den Innradweg. Nach vier Kilometern entlang des Inns passieren wir eine Radlerzählstelle. An diesem Tag sind wir Nummer 666 und folgende. K1 überholt mich noch kurz vorher, um sich speziell diese Zahl zu sichern. Dann passieren wir eine Gaststätte, die sowohl von der Autobahn als auch vom Radweg aus gut zu erreichen ist. Es gibt hier einige Spielgeräte auf dem Gelände und auch ein paar Tiere, sodass sich der Platz als Pausenstation für Familien mit Kindern ebenfalls gut anbietet. Eine ganze Weile radeln wir dann neben der Autobahn her.

Als wir Mils erreichen, zeigen die Kinder erste Anzeichen von Hunger. K2 radelt immer langsamer und wirkt lustlos, K1 fängt Streit an. Wir überbrücken mal wieder mit Müsliriegeln. Die Überbrückung hält vier Kilometer. Dann, als der Radweg ansteigt und

ein Brunnen in Sicht ist, sagt K2: »Ich halte da jetzt an, egal was ihr macht«. Und dann hält sie an. Natürlich tut es mir leid, dass K2 so erschöpft vom Radeln in der prallen Sonne ist, aber ich bin auch sehr stolz auf sie, weil sie es so gut schafft, ihre Grenze zu ziehen und auf sich achtzugeben.

Die Pause ist fantastisch und das, obwohl wir nur an einem Holztrog mit Trinkwasserbrunnen sind. Wir machen eine kleine Wasserschlacht, K2 schüttet sich Wasser über den Kopf und K1 will K3s Füße in den Trog halten und badet »versehentlich« das komplette Kind. Da wir ohnehin alles dabeihaben, ist auch das nasse Kind kein Drama. Wir füllen noch unsere Flaschen auf, dann werden die Mädchen auf das Lastenrad gesattelt und es geht mit ein wenig mehr Tempo wieder weiter.

Wir radeln oberhalb von Bahngleisen, Inn und Inntal-Autobahn am Berg entlang und haben eine fantastische Aussicht. Für mich gehört dieser Abschnitt zu den schönsten auf der Strecke. Immer wieder geht es ein Stück bergab, dann wieder bergauf. K3 ist schon wieder in K2s Armen eingeschlafen.

Kurz vor Zams erreichen wir eine Straße mit Autoverkehr und finden auch endlich eine Pizzeria zur Einkehr. Alle sind erleichtert. Nach unserer Mittagspause geht die Etappe einen guten Kilometer auf der anderen Seite des Inns weiter, danach müssen wir durch Perjen ein Stück auf der Straße fahren. Immer wieder begegnen uns auf diesem Abschnitt kleinere Anstiege.

Weitere zwei Kilometer später haben wir es bis nach Landeck geschafft und biegen nun nach links über die Sanna ab, die hier in den Inn mündet. Unmittelbar nach der Brücke müssen wir noch einmal links abbiegen, hier ist die Radwegbeschilderung leicht zu übersehen. Es geht ein kurzes Stück am Inn entlang und dann in einer Haarnadelkurve in Richtung Landecker Innenstadt. Nachdem wir durch den Stadtkern geradelt sind, queren wir den Inn erneut, diesmal über die spannende Gerberbrücke.

Jetzt sind es nur noch zwölf Kilometer bis zu unserem Ziel, Prutz. Der Weg dorthin könnte nicht malerischer sein. Unter uns der rauschende Inn, über uns Berge, um uns herum oftmals Schatten. Aber ständig bergauf, bergab. Das große Kind fährt mit viel Elan vorweg. Teilweise können wir super-

Ein Traum für Kinder im Sommerland Serfaus

schnell die Hügel hinabsausen. Teilweise krieche ich im Schneckentempo die Hügel wieder hinauf. Peter und die Mädchen sausen unbeeindruckt auf dem motorisierten Lastenrad davon und plötzlich merke ich, dass ich keine Lust mehr habe. Bergauf, bergab, bergauf, bergab. Mein Gepäck nervt mich. Viel zu viel habe ich eingepackt, denke ich. Peter fährt langsamer, und dann höre ich die Mädchen rufen: »Super, Mama! Du machst das toll!« Das macht meine Beine zwar nicht stärker, aber die Laune hebt es doch.

Zwischen Kilometer 43 und 45 müssen wir noch einmal an der Landstraße entlangfahren und haben mit massivem Gegenwind zu kämpfen. Nach 48 Kilometern lassen wir von einem netten Mountainbiker-Pärchen ein Foto von uns allen machen.

Und dann sind wir endlich da. In Prutz, auf dem Campingplatz, den wir schon kennen, und mit dem Sauerbrunnen, der Radlern und Reisenden Unterschlupf und Erfrischung bietet. Nach dem Abendessen fallen wir in unsere Zelte und einigen uns darauf, nach drei so erfolgreichen Etappen morgen einen Pausentag einzulegen.

Kurz & knapp

schwer | 51 km | 480 Hm | 3.30 Std.

Ausgangspunkt
Nassereith

Endpunkt
Prutz

Sehenswertes
Knappenwelt Gurgltal, Pausentag im Sommerland Serfaus/Fiss/Ladis

Spielplatz
Hexengartle vor Imst

Einkehr
Pizza-Empfehlung: Pizzeria Josephe Prutz

Unterkunft
Aktiv-Camping Prutz

Jahreszeiten-Tipp

Pausentage im Hochsommer in Prutz sind sehr empfehlenswert, wenn im Skigebiet Serfaus/Fiss/Ladis Sommersaison ist. Auf unserer zweiten Reise hatten wir dort oben eine sehr gute Zeit und es fährt regelmäßig ein Wanderbus.

Pausentage haben wir erst auf der zweiten Tour richtig zu schätzen gelernt.

Elmer Kreuzspitze 2480
Joch 1949
Schlierekopf 2290
Aserlekopf 2283
Karleskopf 2179
Rote Wand 2395
Rudiger 2380
Imster Mitterberg 2118
Kreuzjoch 2185
Bschlabs
Tarrentonspitze 2608
A
Nassereith
Rauchberg 2480
Gabelspitze 2581
Hochleisspitze 2349
Spitzkopf 2346
Boden
Hahnleskopf 2332
Dollinger
Tarrenz
Strad
Reichspitze 2590
Pleiskopf 2560
Kogelseespitze 2647
Tschirgantwald
Laggers 2328
Imst
Ötztal
Bergwerkskopf 2728
Milser Berg
Karrösten
Karres
Roppen
Osterstein
Sautens
Gamplekopf 2020
Mils bei Imst
Arzler Wald
Arzl im Pitztal
Wald
Inn
Horner Wald
Schönwies
Silberspitze 2461
Brennwald
Hoher Karkopf 2686
Wenns
Zammerberger Wald
Zams
Greith
Jerzens
Stanz
2512 Glanderspitze
Zollberg 2225
Wildgrat 2974
Landeck
Edelrautenkopf 2737
Fließ
Pillerwald
Zaunhof
Nieder-gallmigg
Inn
Seekopf 2583
Niedermaiswald
Entbruck
E
Kaunerberg
Kauns
Prutz
Steinmanndl 2898
St. Leonhard im Pitztal
2596 Zwölferkopf
Ladis
Guggerwald
Fiss
Ried
Fendels
Serfaus
Vergötschen
N
0
2 km

TRANSALP ETAPPE 4

T4

Unser Urlaubsradeltag – von Prutz nach Pfunds

Als wir am nächsten Morgen wach werden, ist es sehr kalt. Ich habe die Nacht über nicht gut geschlafen und teils gefroren. Und weil ich gefroren habe, war ich die halbe Nacht damit beschäftigt, K3 wieder zuzudecken, obwohl sie selbst vermutlich nicht gefroren hat.

Auf der Reise schläft K3 mit zwei Schlafsäcken. Einem Wollfleece-Schlafsack und einem Outdoorschlafsack für Kleinkinder, auf den wir sie legen und dann halb zudecken. Wir haben hier keine wirkliche Ideallösung finden können, da die Nächte alle sehr unterschiedlich warm waren.

Aufgrund der Kälte entschließen Peter und ich uns, die Kinder zu wecken und aufzubrechen. Unser ursprünglicher Etappenplan sieht vor, dass wir am nächsten Radeltag bis nach Nauders rauffahren und auf dem letzten Campingplatz auf österreichischer Seite übernachten. Doch die Übernachtung auf 1500 Metern Höhe kommt uns aufgrund der Temperaturen nicht mehr sehr sinnvoll vor.

Die Kinder sind einverstanden, den eigentlich angedachten Pausentag brauchen wir ohnehin nicht mehr so dringend. K2 ist zwar etwas traurig, weil ihr der Campingplatz in Prutz so gut gefällt, aber wir verabreden, dieses Jahr noch einmal wiederzukommen, und dann geht es gut gelaunt aufs Rad. Unser neuer Plan lautet nun, so nah wie möglich vor den Reschenpass zu kommen, also peilen wir eine kurze Etappe von ca. 20 Kilometern bis nach Pfunds an.

Als wir alles gepackt haben und die Flaschen mit Sauerbrunn gefüllt sind, radeln wir zu einem Supermarkt in Prutz, um Frühstück zu improvisieren. Was uns auffällt, seitdem wir in Österreich sind, ist die fahrradfreundliche Infrastruktur. Wir müssen uns eigentlich nie um die Wasserversorgung Sorgen machen, weil es überall Pausenplätze mit Brunnen gibt. Und auch hier am Supermarkt ist es wieder auffallend.

Wunderbar große Fahrradabstellmöglichkeiten und einladende Sitzmöglichkeiten unter einer großen Überdachung, die zum Verweilen einladen. In Deutschland irgendwie undenkbar, an der Via Claudia Augusta ganz normal.

Wir radeln durch Ried im Oberinntal und gelangen wieder auf einen asphaltierten Radweg am Inn entlang. Nach sechs Kilometern gelangen wir an eine Stelle, die bei Komoot »Pflichtfoto« heißt. Hier fahren wir unter der Reschenstraße lang und können ein schickes Via Claudia Augusta Graffiti bestaunen und natürlich fotografieren. Nach zehn Kilometern erreichen wir Tösens über

K2 blickt entschlossen in Richtung des Reschenpasses.

Entspannung vor der Etappe mit den meisten Höhenmetern

Via Claudia Augusta »Pflichtfoto«

die Landstraße. Meine anfängliche Sorge vor dem Fahren auf der Straße schwindet. Wir werden immer mit genügend Abstand überholt und fühlen uns nie genötigt. Vielleicht ist man an die Radfahrer hier an der Via Claudia Augusta einfach gewöhnt. Wir überqueren den Inn auf einer Holzbrücke mit wunderbarer Sicht ins Inntal. Von hier aus geht es ein gutes Stück bergauf bis nach Schönegg.

Bei Mariastein überqueren wir die Schnellstraße und den Inn abermals. Die nächsten dreieinhalb Kilometer geht es dann mal bergauf, mal wieder etwas bergab, doch da wir es heute nicht weit haben, kann auch K2 diesen Streckenabschnitt sichtlich genießen.

Die Gute-Laune-Gang

In Pfunds angekommen, radeln wir den Schlenker, den die VCA hier durch den Ortskern macht, um eine Mittagspause einzulegen. Wer hier nicht pausieren will, kann auch den direkten Weg nehmen und sich den Ort sparen. Kurz darauf überqueren wir den Inn auf einer sehr schönen modernen Brücke, wir kommen an einem Pumptrack vorbei sowie an wunderschönen Feldern und Wiesen.

Nach final 22 Kilometern und einer weiteren spannenden Brücke über den Inn haben wir unser Ziel erreicht. Der Campingplatz Via Claudiasee liegt direkt an der Reschenpassstraße und an einem sehr schönen, künstlich angelegten Badesee.

Nachdem wir eingecheckt und unsere Zelte auf der üppigen Zeltwiese aufgeschlagen haben, lassen wir zum ersten Mal seit Tagen ein wenig Ruhe einkehren.

In Badesachen liegen wir an dem kleinen See, gönnen uns ein Eis, plantschen ein wenig und verbringen viel Zeit auf dem Spielplatz. Wie schön so eine kurze Etappe doch sein kann. Peter und ich finden sogar die Zeit, noch einmal mit K3 nach Pfunds zurückzuradeln und für ein größeres Abendessen einzukaufen.

Nach dem Duschen kochen wir dann ein herrliches Chili sin Carne auf unserem kleinen Benzinkocher. Es ist außerdem der erste Abend, an dem wir K3 zum Schlafen bringen können, ohne selbst direkt ins Bett zu gehen, sodass wir Eltern dann tatsächlich auch mal ein wenig zur Ruhe kommen.

Vor dem Einschlafen habe ich das Gefühl, für die morgige Etappe mit ihren 800 Höhenmetern gut vorbereitet zu sein.

Kurz & knapp

leicht | 22 km | 290 Hm | 1.30 Std.

Ausgangspunkt
Prutz

Endpunkt
Pfunds

Sehenswertes
Radurschlklamm bei Pfunds

Spielplatz
Waldspielplatz Pfunds

Einkehr
Pizza-Empfehlung: Vabene Pfunds

Unterkunft
Camping Via Claudiasee

Immer wieder müssen wir für Fotos anhalten.

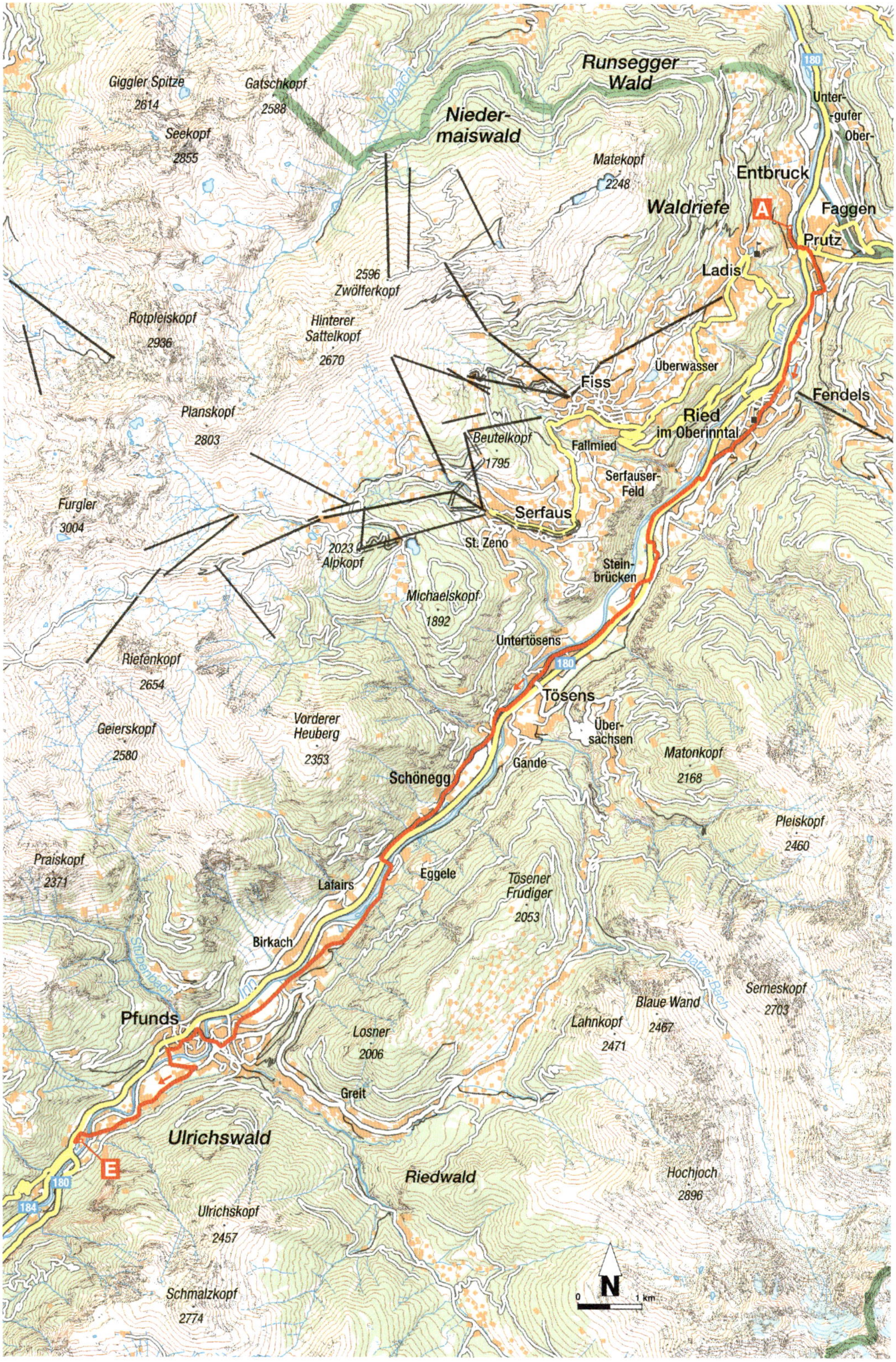
Runsegger Wald
Nieder-maiswald
Giggler Spitze 2614
Gatschkopf 2588
Seekopf 2855
Matekopf 2248
Entbruck
Unter-gufer
Ober-
Waldriefe
Faggen
Prutz
Ladis
2596 Zwölferkopf
Rotpleiskopf 2936
Hinterer Sattelkopf 2670
Fiss
Überwasser
Fendels
Planskopf 2803
Ried im Oberinntal
Beutelkopf 1795
Fallmied
Serfauser-Feld
Serfaus
Furgler 3004
2023 Alpkopf
St. Zeno
Stein-brücken
Michaelskopf 1892
Untertösens
Riefenkopf 2654
Tösens
Geierskopf 2580
Vorderer Heuberg 2353
Über-sachsen
Matonkopf 2168
Gande
Schönegg
Pleiskopf 2460
Praiskopf 2371
Lafairs
Eggele
Tösener Frudiger 2053
Birkach
Serneskopf 2703
Blaue Wand 2467
Pfunds
Losner 2006
Lahnkopf 2471
Greit
Ulrichswald
Riedwald
Hochjoch 2896
Ulrichskopf 2457
Schmalzkopf 2774
N
0
1 km
A
E
180
184

TRANSALP ETAPPE 5

T5 Der große Pass – von Pfunds nach Mals

Wir frühstücken improvisierte Semmeln und satteln dann zügig auf. Ich fühle mich erkältet. Ausgerechnet an dem Tag, an dem die meisten Höhenmeter anstehen. Trotzdem sind wir alle motiviert. Fordernder als der Fernpass kann es nicht werden und außerdem ist heute der Tag, an dem wir eine italienische Pizza essen werden. Das gibt Kraft und wir radeln motiviert los.

Wir verlassen den Campingplatz in Richtung Süden auf einem Radweg neben der Engadiner Straße. Der geschotterte Weg ist noch gut zu befahren. An diesem Tag bleiben wir auf der Via Claudia Augusta und radeln am Altfinstermünz vorbei. Diese mittelalterliche Grenzbefestigung ist zwar äußerst sehenswert, doch bis wir sie erreicht haben, habe ich mein Rad bereits eine Anhöhe hochschieben müssen.

Hinter der Burg folgt ein 300 Meter langer Anstieg, auf dem gut 50 Höhenmeter auf Schotter überwunden werden müssen, bei teils 10 % Steigung. Auch hier müssen wir schieben. Auf unserer zweiten Radreise haben wir uns dieses Stück gespart und sind auf der Engadiner Straße geradelt, und so dem Inn-Radweg gefolgt. Das möchte ich an dieser Stelle auch gerne empfehlen. Ja, das Altfinstermünz ist sehr spannend, aber die Strecke kostet unnötig viel Kraft, wenn man arg bepackt ist. E-Mountainbiker haben hier hingegen wenig zu befürchten.

Welchen Weg wir auch nehmen, landen wir jedenfalls für ein kurzes Intermezzo in der Schweiz und radeln somit an diesem Tag in drei verschiedenen Ländern. Hier bleiben wir auf der Engadiner Straße und können relativ entspannt die nächsten fünf Kilometer bis hinunter nach Martina rollen. Der spärliche Autoverkehr verhält sich wiederum respekt- und rücksichtsvoll. Mittlerweile gibt es hier stückweise einen neuen Radweg, der direkt unten am Inn entlangführt und offiziell der VCA zugehörig ist.

In Martina angekommen, füllen wir noch einmal unsere Trinkflaschen auf und essen einen Müsliriegel. K2 sitzt vorerst auf dem Lastenrad, sodass Peter mit großem Gespann in die Norbertshöhe zieht. Und dann nehmen wir die elf Kehren in Angriff. Die erste Kehre, also Kehre 11, ist 500 Meter lang und wir starten demütig. Die nächste Kehre kommt kurz und knackig, doch die dritte (9) zieht sich über einen ganzen Kilometer. Auf unserer zweiten Radreise wird K2 von hier an komplett alleine radeln und somit etwa 300 Höhenmeter am Stück selbst bewältigen.

Als ich in Kehre 8 starte, ist K1 schon nicht mehr zu sehen. In Kehre 6 sagt K2 dann, dass sie doch gerne selbst radeln

Westlich vom Haidersee fängt der Fahrspaß erst richtig an.

Hinein ins herrliche Vinschgau

Schlafen mit Blick auf Piz Chavalatsch

Trauriger Ausblick auf den leeren Reschensee

möchte. Also wieder umbauen und weiter geht's. Das Gepäck macht mir weniger zu schaffen, als erwartet, da sich die Norbertshöhe mit durchschnittlich 5 bis 6 % Steigung sehr sanft präsentiert.

Alle bewältigen die Strecke in ihrem eigenen Tempo. K2 radelt vorweg, ich hinterher und Peter bildet das Schlusslicht, um im Notfall aushelfen zu können. In jeder Kehre halten wir kurz an, trinken etwas und beißen in unsere Müsliriegel. So finden wir unseren Rhythmus, und als K1 uns irgendwann zu Fuß entgegenkommt, wissen wir, dass es nicht mehr weit sein kann.

Langsam und stetig arbeiten wir uns die Norbertshöhe hinauf.

Danach geht es superflott nach Nauders hinunter, wo wir auf einem fantastischen Spielplatz, neben Supermarkt und öffentlicher Toilette, unsere Mittagspause verbringen. Nach einer Weile geht es für uns dann aber auf in Richtung Reschensee. Wir verlassen Nauders auf der Via Claudia Augusta nach Süden, vorbei an Schloss Nauders. Nach 1,5 Kilometern erreichen wir die Bergbahnen von Nauders.

Hier kommen uns viele Mountainbiker*innen entgegen, die sich den Tag über auf dem 3-Länder-Trail vergnügen. Die fünf Kilometer von Nauders bis zur italienischen Grenze sind landschaftlich wunderschön, doch für uns eine Menge Arbeit. Es geht noch immer kontinuierlich bergauf und wir haben mit massivem Gegenwind zu tun. Als wir die Grenze erreichen, sind wir zwar alle sehr happy, aber wir haben die Passhöhe noch immer nicht erreicht. Es liegt noch ein gutes Stück Weg vor uns.

Wir arbeiten uns durch die Rapsfelder hinauf, und dann sehen wir auf einmal den Reschensee. Oder das, was von ihm übrig ist, denn zu diesem Zeitpunkt führt der See wegen Trockenheit und Bauarbeiten beinahe kein Wasser. Lediglich das Bassin um den berühmten Turm von Alt-Graun herum ist gefüllt. Als wir den Turm erreichen, beginnt es auch noch zu tröpfeln und wir sind alle ein wenig ernüchtert.

Wir fahren an der östlichen Seite des Sees hinab, weil wir das Bedürfnis haben, einmal nah am Turm vorbeizuradeln. Die Via Claudia Augusta führt allerdings offiziell an der Westseite des Sees hinab, und das ist ganz objektiv auch die schönere Strecke, daher haben wir den GPS-Track auch dort entlang gelegt. Ab hier heißt der Radweg nun auch offiziell Etsch-Radroute, und mit dieser namentlichen Änderung beginnt der wunderbarste Abschnitt der ganzen Radreise.

Nachdem wir den Reschensee hinter uns gelassen haben, gelangen wir nach St. Valentin auf der Haide und zum

Der Reschensee vom Westufer aus

Pizza in Mals

Haidersee. Der Untergrund des Wegs ist hier erst geschottert, kurz darauf dann asphaltiert. Immer wieder geht es kleine Hügel hinauf und wieder hinab, was insgesamt zwar ein wenig anstrengend, aber vor allem sehr spaßig ist. Hin und wieder begegnen wir Radler*innen, die wir bereits an der Norbertshöhe getroffen haben. Durch unser Gespann haben wir einen relativ hohen Wiedererkennungswert.

Und dann geht es die nächsten sechs Kilometer bis hinunter nach Schleis nur noch rasant bergab. Das Gefälle ist teils sehr steil, aber die Freude und der Fahrspaß sind überragend. Als wir unten in Schleis ankommen, glühen unsere Scheibenbremsen und die Hände schmerzen vom Bremsen.

Dann rollen wir noch die letzten drei Kilometer nach Mals hinüber zu unserem Campingplatz. Die Zelte sind fix aufgebaut und wir sind begeistert von unserem Stellplatz, der auf einer Art Terrasse am Hang liegt. Auf der gegenüberliegenden Seite des Tals können wir aufs Stilfser Joch schauen, doch das werden wir ein anderes Mal bezwingen.

Die erste italienische Pizza schmeckt heute besonders verdient. Wieder überlegen wir, morgen einen Pausentag einzulegen. Wenn nicht nach dem Reschenpass, wann dann?

Kurz & knapp

schwer | 44 km | 810 Hm | 3.30 Std.

Ausgangspunkt
Pfunds

Endpunkt
Mals

Sehenswertes
Fürstenburg Burgeis

Spielplatz
Spielplatz am Spar Nauders

Einkehr
Pizza-Empfehlung: Pizza Fantasy Mals;
Eis: Bar Café Eissalon Mals

Unterkunft
Der Campingplatz in Mals eignet sich für radreisende Familien besonders gut. Er ist sehr übersichtlich gehalten, es gibt einen überdachten Platz zum Kochen und Essen, einen Wickeltisch, der nicht im Damenbereich liegt, Waschbecken auf Kinderhöhe und mein persönliches Highlight: die Doppeldusche im Damenbereich.

Da fällt das Duschen mit Kindern nicht nur leicht, es macht sogar ein bisschen Spaß.

Blick aufs Altfinstermünz

Compatsch
Spiss
Pfunds
Noggler Wald
Ulrichswald
Riedwald
Ulrichskopf 2457
Hochjoch 2896
Piz Motnair 2789
Piz Mundin 3146
Fluchtwand 2332
Wannekopf 2880
Gaißpleiskopf 2771
Piz Malmurainza 3038
Schartlkopf 2810
Nauders
Wildnorderer 3015
Gueser 2740
Martina
Tschlin
Piengwald
ÖSTERREICH
Nauderer Hennesiglspitze 3045
Tiefwald
Piengkopf 2790
Ganderbildspitze 2891
Plamort 2083
Ramosch
Piz Ajüz 2754
Reschen
Froi
2556
Grauner Berg
2772 Äußerer Nockenkopf
Marchegg 2294
SCHWEIZ
Graun im Vinschgau
Reschensee
ITALIEN
2768 Innerer Nockenkopf
2853 Piz dals Corvs
Speikerwand 2977
Elferspitze 2926
Pleisköpfl 2412
St. Valentin a. d. Haide
Zwischenegg 2829
Seebodenspitz 2860
Dörfl
Haidersee
Kleinberg 2796
Vermungkopf 2872
Stoanmandl 2461
Piz Cristanas 3092
NSG
Watles 2555
Föllakopf 2878
Planeil
Hochjoch 2570
Piz Plazèr 3103
Burgeis
Schlinig
Plantavillas 2057
Matsch
Monterodes 2361
Schleis
Mals
Tartsch
Laatsch
N
0
2 km
A
E
180
184
185
27
40

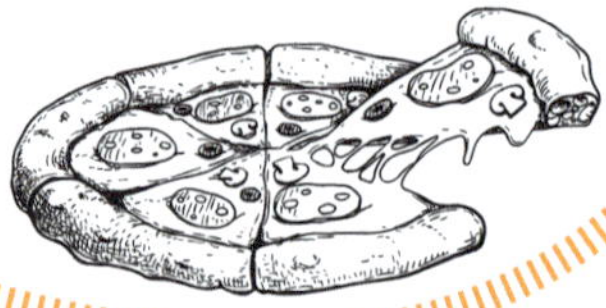

TRANSALP ETAPPE 6

T6

Bergab, bergab, bergab – von Mals nach Naturns

Am nächsten Morgen erleben wir das gleiche Phänomen, wie zwei Tage zuvor. Keiner von uns hat noch das Bedürfnis nach einem Pausentag, also legen wir wieder einmal unsere Zelte zusammen, essen Porridge und trinken einen schnellen Kaffee.

Dann geht es hinterm Malser Bahnhof auf den Vinschgau-Radweg in Richtung Meran. Nach nicht einmal einem Kilometer wartet schon die erste Überraschung auf uns. Der Radweg führt zwischen Feldern entlang, die um diese Jahreszeit wegen Dürre bereits bewässert werden müssen. Der Fahrradweg wird gleich mit bewässert, sodass wir zwar einigermaßen nass werden, dafür aber durch Regenbögen hindurchradeln dürfen.

In Laatsch halten wir uns links und radeln dann der Beschilderung folgend wieder auf die Etschradroute, die uns mit relativ starkem Gefälle heute den Tag erleichtern wird. Nach den ersten vier Kilometern des Tages erreichen wir Glurns und dessen mittelalterliche Festung. Da wir am Nachmittag noch mit Regen rechnen, verweilen wir nicht länger in Glurns, nehmen uns die Besichtigung aber für ein nächstes Mal fest vor. Hinter Glurns radeln wir an pittoresken kleinen Gärten vorbei.

Nach insgesamt zehn Kilometern führt uns die Radwegbeschilderung von der Etsch weg und durch das Biotop Prader Sand hindurch. Wir radeln an einem Campingplatz mit Spielplatz vorbei und werden ein bisschen abenteuerlustig, als wir das Schild mit der Aufschrift »Stilfser Joch« sehen. K2 ist überzeugt, dass sie in den nächsten Jahren auf jeden Fall mit uns dort entlangradeln wird. Wir biegen nach links ab in den Prader Ortskern. Dort werfen wir noch einen wehmütigen Blick in Richtung des berühmten Passes und biegen dann

Pizza macht alles besser!

Plantagen und Burgen prägen die heutige Etappe.

Und immer an der Etsch entlang

Aperol Sprizz und Apfelstrudel – uns geht es zu gut!

Der Etschradweg ist einfach traumhaft ausgebaut.

Spektakuläre Strecke,
sowohl die Etsch als auch
wir fließen einfach bergab.

Spielplatzgaudi in Naturns

nach links ab, um weiter der Radroute nach Meran zu folgen.

Hinter Prad mehren sich die Apfelplantagen. Es ist schön, hier hindurchzuradeln und die ganzen verschiedenen Apfelsorten zu bestaunen, denn tatsächlich sehen sowohl die Pflanzen als auch die Früchte ganz unterschiedlich aus. Gute dreieinhalb Kilometer hinter Prad biegen wir einmal nach rechts und dann wieder nach links ab. Einen weiteren guten Kilometer später gelangen wir wieder an die Etsch, die Apfelplantagen liegen nun rechts von uns. Der Weg ist bis hierhin durchgehend asphaltiert und sehr gut beschildert. Insgesamt schauen wir sehr selten auf unsere Smartphones oder auf das Navi, was sich als enorm komfortabel erweist. Weitere dreieinhalb Kilometer radeln wir nun in der Ebene an der Etsch entlang, bevor wir einen Schlenker am Ort Laas vorbei machen. Dahinter geht es dann wieder an die Etsch hinunter, diesmal auf geschottertem Weg und mit vielen kleinen Kunstprojekten am Wegesrand. Wir haben hier wieder teils sehr starkes Gefälle, was einerseits großen Spaß machen kann, unserem K2 aber wegen des Schotters nicht ganz geheuer ist.

Die nächsten vier Kilometer arbeiten wir uns diesen Weg hinab, bis uns ein herrlicher Spielplatz, direkt an Etsch und Radweg, zur Pause einlädt. Hier verweilen wir im Schatten und kochen uns einen letzten Kaffee, bevor uns das Benzin vom Kocher ausgeht.

Nach unserer Pause machen wir einen Schlenker nach Schlanders hinein, um für K2 endlich eine Regenjacke zu kaufen. Außerdem essen wir hier ein sehr leckeres Eis. Am frühen Nachmittag geht es dann zurück aufs Rad für die letzten 20 Kilometer.

Nach vier entspannten, leicht bergab rollenden Kilometern an der Etsch sehen wir plötzlich einen kleinen Wagen am Wegesrand. Es ist eine »Apfeltankstelle« und die Kinder sind ganz aus dem Häuschen. Wir lesen die Hinweisschilder und kramen unser Kleingeld zusammen, um die verschiedenen Apfelsaftsorten probieren zu können. K3 beißt in drei verschiedene Äpfel, die wir nun alle kaufen. Außerdem legen wir Geld für ein paar getrocknete Apfelringe in die Kasse. Einfach fantastisch. An diesen Ort werden wir noch auf vielen weiteren Kilometern denken müssen.

Wir schwingen uns wieder auf den Sattel, bald sind wir eingerahmt von kleinen Mäuerchen, Zäunen, Apfelbäumen, Burgen über uns und der Etsch unterhalb von uns.

Shopping-Tipp

Wir haben eine ganze Weile Ausschau gehalten, wo wir Benzin für den Kocher nachkaufen können. Fündig sind wir letztlich in Drogerien geworden, wo es unter »Waschbenzin« verkauft wird.

Wir radeln durch Regenbögen!

Einmal volltanken bitte! An der Apfeltankstelle probieren wir verschiedene Apfelsaftsorten.

Und dann merken wir, dass sich irgendetwas verändert hat, seitdem wir gestern vom Reschensee hinabgeradelt sind. Es wird wärmer, die Pflanzen, die Berge, alles sieht ganz anders aus und fühlt sich auch ganz anders an. Dass wir noch vor wenigen Tagen zu Hause waren, kommt uns merkwürdig vor.

Hinter Kastelbell beginnt für uns der heutige Endspurt und die letzten neun Kilometer werden etwas zäh. K2 kämpft mit leichtem Gegenwind, und auch die Wettervorhersage macht uns ein bisschen Tempo. Immerhin ist der Radweg nach wie vor unglaublich gut ausgebaut, sodass wir uns um die Strecke keinerlei Gedanken machen müssen. Wir passieren die sehr gemütlich aussehende Radbar Staben, von der aus wir einen Blick auf Schloss Juval, das Sommerdomizil Reinhold Messners, haben.

Dann, nach 49 Kilometern Gesamtstrecke, erreichen wir den Campingplatz in Naturns. Wir checken ein, bauen zügig unsere Zelte auf und gehen anschließend, mit unseren Regenjacken ausgestattet, eine Pizza essen.

Auf K2 sind wir heute besonders stolz, da dies die erste Etappe ist, die sie komplett alleine bewältigt hat. Bei leichtem Regen schlafen wir schnell ein.

schwer 49 km 170 Hm 2.45 Std.

Alles auf einen Blick

Ausgangspunkt
Mals

Endpunkt
Naturns

Sehenswertes
Apfel-Rastplatz an der Etsch

Spielplatz
Am Etschradweg kurz vor Schlanders

Einkehr
Pizza-Empfehlung: Pizzeria Wally in Naturns;
Eis: La Venostana Schlanders

Unterkunft
Der Waldcamping Naturns hat uns sehr gut gefallen.
Es gibt einen tollen großen Spielplatz, einen Indoor-Pool und Aufenthaltsmöglichkeiten im Untergeschoss des Waschhauses, was bei Regen sinnvoll sein kann.

Wickeltisch und Babywanne gibt es auch – allerdings nur im Damen-Duschbereich.

Der Waldcampingplatz in Naturns ist ein Traum für Familien.

TRANSALP ETAPPE 7

T7

An der Etsch entlang – von Naturns zum Kalterer See

In Etappe sieben starten wir dann tatsächlich erst nach einem Pausentag in Naturns, den wir genutzt haben, um die Radbar Staben noch einmal zu besuchen, in den Pool zu hüpfen, unsere Kleidung durchzuwaschen und die verschiedenen Spielplätze in Naturns zu erkunden. Zufälligerweise treffen wir am Campingplatz auch noch auf Bekannte. Südtirol ist dann doch nicht so groß.

Da wir uns für diese Etappe viel vorgenommen haben, brechen wir zeitig auf. Die ersten acht Kilometer des Tages radeln wir gemütlich durch die Ebene an der Etsch entlang. An einer Querungsampel über die Vinschgauer Straße stehen wir relativ lange an und nehmen dann Kurs auf die sieben Kehren nach Meran hinunter. Nach insgesamt knapp zehn Kilometern erreichen wir den Aussichtspunkt mit den bekannten Liegestühlen, den Trauttmansdorffer Thronsesseln. Natürlich machen wir hier kurz Halt für ein Foto, wann kann man schon mal in riesengroßen Liegestühlen sitzen und sich wie ein Zwerg fühlen?

Nachdem wir den Blick nach Meran hinunter ausgiebig genossen haben, geht es die Piste hinab. Mit teils ordentlich Gefälle sausen wir die sieben Kehren hinab. K1 ist schon lange nicht mehr zu sehen, K2 flitzt erstaunlich schnell hinterher. Die beiden sind sogar so schnell unterwegs, dass ich sie erst einhole, als sie unten an einem Freibad auf uns warten. Auf meine Frage, warum K2 denn nicht gebremst habe, antwortet sie schulterzuckend: »Ich wollte die 40 auf dem Tacho sehen.«

Nach weiteren 2,5 Kilometern an der Etsch entlang macht der Radweg einen Schlenker durch Meran. Hier wird es nun ein wenig tricky, da die Führung das Radwegs durch Meran nicht besonders intuitiv ist und wir tatsächlich einige Male auf dem Handy die Route anschauen müssen. Irgendwann haben wir es dennoch geschafft und radeln südlich von Meran mit Blick auf Schloss Trauttmansdorff weiter in Richtung Bozen.

Hinter Sinich finden wir dann einen herrlichen Park mit einem Supermarkt um die Ecke. Wir kaufen ein und kochen uns auf dem schönen schattigen Spielplatz eine Portion Pasta. Da auf italienischen Spielplätzen meist Trinkwasser vorhanden ist, ist auch die Beschaffung des Nudelwassers kein Problem.

Dann bekommt Peter einen Anruf von einem Kollegen. Er hätte unsere Reise verfolgt und ob wir nicht auf ein Eis in Nals vorbeischauen wollen. Also packen wir irgendwann wieder unsere Sachen zusammen und radeln in Richtung Bozen weiter. Der Radweg ist hier nach wie vor hervorragend ausgebaut und liegt zwischen Etsch

und Bahnstrecke. Seit Meran gibt es allerdings kein Gefälle mehr und wir müssen wieder mehr selbst strampeln. Das nimmt natürlich ein bisschen Fahrfreude, ist allerdings kein allzu großes Problem, da wir nach einer Woche Radfahren mittlerweile merken, wie fit wir auf dieser Reise geworden sind. Sogar die Waden von K2 kommen mir muskulöser vor.

Gute elf Kilometer später machen wir einen Stop in Nals. Als wir wieder aufbrechen, beginnt es zu regnen, sodass wir K3 in den Anhänger setzen und K2 aufs Lastenrad kommt. Irgendwie haben wir den Tag verbummelt und eigentlich war das Ziel, am Abend eine Pizza am Kalterer See zu essen, also müssen wir ein wenig Tempo machen. Ich fahre voraus, K1 in meinem Windschatten. Peter prescht hinterher. Obwohl unsere Räder so bepackt sind, schaffen K1 und ich es, uns vom E-Bike abzusetzen, also über längere Strecken mehr als 25 km/h zu fahren. Als wir kurz vor Bozen etwas langsamer werden, kommt Peter wieder heran und hat einen neuen Freund mitgebracht.

Ein Mann auf einem Rennrad begleitet uns ein Stück und erzählt, wie stark er es findet, dass wir das als Familie gemeinsam machen. Er ist alleine auf dem Weg zum Gardasee, wo seine Familie bereits auf ihn wartet. Uns zu treffen, bestärkt ihn, das Thema noch mal mit seiner eigenen Familie

Die Etsch in Bozen

anzugehen. Und uns bestärkt diese Begegnung darin, mehr über Familienradreisen zu sprechen und allen zu berichten, dass es möglich ist und Spaß macht.

In Bozen radeln wir an Schloss Sigmundskron, dem Messner Mountain Museum, vorbei. Der Radweg macht hier wieder besonders Spaß, weil um Bozen herum viele freundliche Radler*innen unterwegs sind. Zwischen Eisack und Etsch schlängelt sich der Radweg EuroVelo 7 hier entlang, bis die beiden Flüsse schließlich zu einem werden.

Nach insgesamt etwa 50 Kilometern wird der Tag lang. Unser Zeitmanagement war nicht besonders gut, nun wird es Abend und wir wollen eigentlich nur noch etwas essen und ins Zelt. Wir verlassen den Etschradweg und radeln zu einem Campingplatz am Kalterer See. Die letzten vier Kilometer sind noch einmal lang, aber dafür landschaftlich sehr schön im Biotop gelegen.

Als wir endlich ankommen, bauen wir unsere Zelte auf und gehen am See in eine sehr schöne und familienfreundliche Pizzeria, die wir schon einmal in einem anderen Urlaub besucht haben. Für die Kinder ist das etwas Besonderes. Mit dem Fahrrad dort zu sein, wo man schon mal in einem Urlaub mit dem Auto war. Aus eigener Kraft. Die Pizza schmeckt gleich dreimal so gut.

Kurz & knapp

schwer | 63 km

120 Hm | 3.30 Std.

Ausgangspunkt
Naturns

Endpunkt
Kalterer See

Sehenswertes
Trauttmansdorfer Thronsessel vor Meran

Spielplatz
Am Radweg bei Sinich

Einkehr
Pizza-Empfehlung: Pizzeria Geier am Kalterer See

Unterkunft
Der Camping St. Josef liegt direkt am Kalterer See und die Zeltwiese unmittelbar am Biotop – Mückengefahr! Der Spielplatz ist eher klein, generell ausreichend, aber auch nicht herausragend schön.

Wie die Könige in den Trauttmansdorfer Thronsesseln

Roteck
3337
Lodner
3228
Stacklwand
2838
Mutspitze
2291
Saltaus
Verdins
Leiterspitze
2340
Riffian
Velau
Kleines Jöchl
2839
Partschins
Algund
Dorf Tirol
Schenna
Lavawand
2255
Eisenbergspitz
2316
Rabland
Spieler
2080
Naturns
Meran
Astfeld
Plaus
Marling
Sinich
Nordheim
Tschirland
Hafling
1941
Vöraner Joch
Sarntheim
A
Tscherms
Rauchenbichl
2018
Lana
Burgstall
Vöran
Dreihirtenspitz
2546
St. Pankraz
Völlan
Gargazon
Mölten
Flaas
Hoher Follmer
1526
Hochjoch
2365
Tisens
Prissian
Versein
Verschneid
Afing
St. Walburg
Vilpian
Zoggler Stausee
Laugen
2434
Nals
Terlan
Jenesien
Tillberg
1766
Hochwart
2626
BOZEN
Moritzing
Gries
Monte Brez
2481
St. Felix
Don Bosco
Haslach
Proveis
Missian
Frangart
Tret
Girlan
Laurein
Castel-
fondo
St. Jakob
St. Michael
Monte Pin
2420
Marcena
Malosco
Leifers
Monte Nuovo
1536
Preghena
Sarnonico
Ruffrè
Kaltern
a. d. Weinstraße
Vadena
Bronzolo
Cagno
Caverno
E
Santa Giustina See
Kalterer See
Dosso Dell'asino
1705
Malgolo
Banco
Aldein
Cles
Söll
Coredo
Auer
Smarano
Tramin
Montan
a. d. Weinstraße
Tuenno
Tres
N
0
2 km
Talo
Neumarkt
A22
E45

TRANSALP ETAPPE 8

T8

Nasse Füße – vom Kalterer See nach Trient

Am nächsten Morgen brechen wir zeitig auf, weil Regen angesagt ist und wir im Trockenen einpacken wollen. K3 lassen wir dabei noch so lange schlafen wie möglich. Erst als beinahe das komplette Zelt schon eingepackt ist, wird unser Nesthäkchen wach. Etwas zerknirscht und müde geht es dann aufs Rad und wir nehmen Kurs auf Neumarkt.

Wir überqueren die Etsch auf einer sehr schönen Brücke und finden dann schnell ein nettes Café, um dort zu frühstücken. Unmittelbar neben dem Café gibt es eine Ladestation für unser E-Bike und unsere Powerbank, für die wir kein Geld bezahlen müssen. Dafür trinken wir dann auch gerne einen Cappuccino mehr und können schließlich mit vollen Akkus und vollen Bäuchen nach Trient aufbrechen.

Wieder geht es einen Tag an der Etsch entlang, nur dass sich heute zwischen die Apfelplantagen immer wieder Weinbaugebiete mischen. An der Strecke selbst, der EuroVelo 7, lässt sich tatsächlich überhaupt nichts aussetzen. Der Weg ist breit genug, asphaltiert und immer wieder gibt es Bänke und Pausenplätze, sogar explizite Bici-Grills und Radtreffs.

Eine ganze Weile radeln wir nun so, ohne dass außer der herrlichen Aussicht etwas passiert. K1 ist leicht frustriert. Seit wir den Reschenpass geschafft haben, gab es keine sportliche Herausforderung mehr für ihn und wir überlegen sogar einmal kurz, ob wir unsere Route zum Gardasee nicht doch noch über ein paar mehr Berge am Lago di Molveno entlang legen. Jetzt, wo wir wissen, was wir schaffen und können, ist die Strecke bis Trient beinahe langweilig, wenn auch sehenswert.

Das Highlight des heutigen Tages ist dann beinahe der Stau auf der Autobahn in Richtung Süden. Immer wieder können wir einen Blick auf die stehenden Autos werfen und obwohl wir nicht wahnsinnig schnell radeln, kommen wir doch besser voran. Das ist ein überragendes Gefühl. Hatten wir doch sonst immer selbst im Stau gestanden und jeden beneidet, der sich noch irgendwie vorwärtsbewegen konnte.

Irgendwann geraten wir dann jedoch in Regenwetter und die Überlegenheit schwindet ein wenig. Was sich viele Kilometer vorher bereits als dicker Vorhang über Trient erkennen lässt, zwingt uns 16 Kilometer vor unserem Ziel an einer Autobahnunterführung zum Setup-Wechsel. K3 kommt in den Radanhänger, damit sie trocken bleibt. Wir anderen vier ziehen unsere Regenjacken und zum allerersten Mal auch unsere Regenhosen an. Da wir

Weinplantagen

Am Stau vorbeiradeln macht Freude!

Gratis-Strom fürs E-Bike in Neumarkt

Auf dem Gelände des MUSE-Museums in Trient

in Trient übernachten wollen und es dort keinen Campingplatz gibt, ruft Peter in dem Hotel an, das wir uns ausgesucht haben, um ein Zimmer zu reservieren. Als alles geklärt ist (Fahrradraum anfragen!) und jeder noch einen Snack bekommen hat, geht es wieder unter der gemütlichen Brücke heraus und hinein in den Regen.

Ein Stückchen später kommen wir an einer weiteren radreisenden Familie vorbei. Insgesamt sind sie sogar zu sechst, allesamt mit Fahrrädern und Gepäck, allerdings das jüngste etwa so alt wie K2. Wir grüßen uns und freuen uns trotz des Regens über die Begegnung, denn das, so wird uns langsam bewusst, ist das Allerschönste auf Radreise. Der Regen wird immer stärker. Irgendwann sind meine Füße nass, weil es von oben nur so hineinläuft und in meiner Regenhose schwitze ich so sehr, dass ich sie wieder ausziehe. Ich beschließe, die Regenhosen auf unserer nächsten Radreise von der Packliste zu streichen.

Nach 38 Kilometern müssen wir bei Lavis einen sechs Kilometer langen Schlenker fahren, weil wir nicht durch das Biotop Foci dell'Avisio hindurchradeln können. Unter normalen Umständen kein Problem, doch komplett durchnässt zehrt alles an den Nerven. Mit K2 auf dem Lastenrad geben wir nun noch mal alles. Wir wollen nur noch ins Hotel. Unter die Dusche. In richtige Betten. Richtig kochen und auf Stühlen essen. Einfach mal vor dem TV liegen und nichts tun.

Eine halbe Stunde später sind wir in Trient angekommen. Als wir das Hotel betreten, läuft das Wasser an uns herab, doch wir werden freundlich empfangen. Wir checken also ein, nicht für eine, sondern für zwei Nächte.

Kurz & knapp

schwer | 52 km
130 Hm | 3 Std.

Ausgangspunkt
Kalterer See

Endpunkt
Trient

Sehenswertes
MUSE Museum in Trient

Spielplatz
St. Michael an der Etsch nahe dem Radweg

Einkehr
Pizza-Empfehlung:
Twist Pizza n More in Trient;
Eis: Gelateria La Delizia

Unterkunft
Habitat Guesthouse

Spannende Brücke auf dem Weg nach Neumarkt

Revò
Salter
Santa Giustina-See
Cles
Sanzeno
Tavon
Coredo
Smarano
Tassullo
Tuenno
Tres
Nanno
Terres
Segno
Vervò
Mollaro
Cunevo
Denno
Vigo di Ton
Campodenno
Masi di Vigo
Mezzocorona
Spormaggiore
Mezzo-lombardo
Cavedago
Fai della Paganella
Andalo
Nave San Rocco
Sorni
Faedo
Pressano
Lavis
Vigo Meano
Spini di Gardolo
Monte Terlago
Melta di Gardolo
Cadine
Sopramonte
TRIENT
San Giuseppe
Söll
Auer
Tramin
Montan
Kurtatsch
Neumarkt
Margreid
Kurtinig
NSG
Roveré della Luna
Buchholz
Salurn
Grumes
Valda
Segonzano
Faver
Cembra
Bedollo
Ville
Palù
Ceola
Centrale
Campolongo
Albiano
Baselga di Pinè
Fornace
Vigo
Faida
St. Agnese
Nogaré
Montagnaga
Inderperg Frassilongo
Civezzano
Canezza
Pergine Valsugana
Susà
Torrente Avisio
A
E
N
0
2 km
E45
A22
12
43
43d
421
612
47
45bis
48
228

TRANSALP ETAPPE 9

T9

Endspurt – von Trient nach Riva del Garda

Nach einem entspannten Pausentag in Trient, den wir dank des Regens hauptsächlich im Hotelzimmer verbracht haben, geht es heute auf unsere finale Etappe. Die Vorfreude ist groß, aber die Wehmut auch. So lange haben wir auf diesen Tag hingearbeitet und nun ist unser großes Ziel bald erreicht. Wenigstens hat sich der Regen mittlerweile gelegt und wir brechen gut gelaunt aus Trient auf.

Wir radeln zur Etsch hinunter, um auf der EuroVelo7 weiter in Richtung Süden zu radeln. Die Apfelplantagen haben wir nun weitestgehend hinter uns gelassen und der Wein wird immer mehr. Wenn wir nur wenige Tage zurückdenken, hat sich die Umgebung seitdem stark verändert. Mit dem Auto ist man sonst so schnell, dass einem die Veränderungen gar nicht richtig bewusst werden, doch mit dem Rad und dem gedrosselten Tempo wird plötzlich alles spürbar, quasi wortwörtlich erfahrbar.

Peter und ich sprechen häufig darüber, wie schnell wir wohl mit den Rennrädern am Gardasee wären, wenn keine Kinder dabei wären, doch eigentlich geht es doch genau um diese Entschleunigung. Ich nehme meine Umgebung viel bewusster wahr, wenn ich nur 15 statt 30 Kilometer in der Stunde schaffe.

Nach 26 langen, flachen Kilometern machen wir in Rovereto unsere Mittagspause. Die Sonne scheint endlich wieder mit voller Kraft und wir setzen uns vor einem Imbiss in den Schatten, um ein bisschen die Reserven aufzufüllen. Mit frittierten Auberginen-Bällchen im Bauch geht es dann auf unseren Endspurt. Um nach Riva zu gelangen, müssen wir noch einmal ca. 250 Höhenmeter überwinden und jetzt wollen wir einfach ankommen.

Wir radeln am Castello von Rovereto vorbei und passieren einen gemütlichen Bici-Grill. Die letzten Kilometer auf dem Radweg an der Etsch entlang sind noch einmal besonders schön und besonders grün. Auf Höhe des Bahnhofs Mori müssen wir einmal die Etsch überqueren und dann, zwei Kilometer später, lassen wir sie final hinter uns und radeln nach Mori hinein. An einem kurzen knackigen Anstieg überholen wir eine Rentnergruppe auf E-Bikes.

Das kommt überraschend, waren wir doch immer diejenigen, die überholt wurden. In Mori selbst dürfen wir dann durch eine lustige, wie eine Wendeltreppe gedrehte Unterführung fahren. Das finden vor allem die Kinder spannend, denen so eine fahrradfreundliche Infrastruktur unbekannt ist.

Der Ciclovia Adige-Garda führt uns an wunderschönen Häusern vorbei und dann tatsächlich auch an Zypressen. Wie medi-

In Riva am Gardasee angekommen

Fachmännisch wird die Wassertemperatur getestet.

Ein sehr verdientes Ziel-Eis in Riva

terran es auf unserer letzten Etappe geworden ist! Der auf einer alten Bahntrasse gelegene Radweg führt uns nun zwischen den Bergen hindurch. Es ist herrlich schattig, doch immer wieder geht es bergauf und wieder bergab. An einigen Stellen müssen wir ordentlich treten, um nicht absteigen zu müssen. Die letzten Kilometer zehren an unseren Kräften. K2 sitzt bereits auf dem Lastenrad.

Hinter einer Unterführung geht es dann plötzlich steil bergauf, 11 % Steigung wie ich nachher feststelle. Nichts geht mehr. Ich steige ab und schiebe. Oben angekommen, lasse ich mich und mein Rad ins Gras fallen. 250 Höhenmeter in kurzen, steilen Anstiegen hatten mich mehr Kraft gekostet

Mit diesen Rädern haben wir es tatsächlich geschafft!

als die 600 Höhenmeter der Norbertshöhe am Stück. Wir radeln zwischen Olivenbäumen an einem malerischen Hang entlang, dann erreichen wir Nago.

Als wir es durch den großen Kreisverkehr geschafft und der Beschilderung folgend die richtige Ausfahrt zum Radweg gefunden haben, ist es schließlich so weit. Endlich sehen wir den See, das glitzernde Wasser, die bekannten Berge. Eine Hand voll Urlaube hatten wir hier mit dem Auto verbracht und nun sind wir aus eigener Kraft hergekommen. Ein unfassbar fantastisches Gefühl.

Die letzten vier Kilometer sind danach schnell geschafft. Wir rollen lange bis nach Torbole hinab. Unsere Bremsen glühen und ich merke mittlerweile, wie weit ich meine Bremsen durchdrücken muss. Daheim werde ich die Bremsbeläge wechseln müssen, doch jetzt schaffe ich es noch gut den Berg hinab. Wir radeln durch Torbole, dann am See entlang und kurz darauf sind wir auch schon an unserem Zielcampingplatz, welchen wir drei Tage zuvor bereits online reserviert haben, um auf Nummer sicher zu gehen.

Nachdem wir unsere Zelte aufgebaut haben, gehen wir an den See. Wir entdecken eine Kreuzotter zwischen den Steinen und laufen daraufhin relativ zügig zu einer Pizzeria. Danach gibt es ein Eis. Ich kaufe mir zum Andenken zwei Poster in einem Antiquitäten-Geschäft und zum Abschluss verbringen wir noch eine ganze Weile auf dem Spielplatz in Riva.

Am Abend liegen alle glücklich und zufrieden in ihren Betten. Bis wir realisieren, was wir da tatsächlich geschafft haben, werden noch ein paar Tage vergehen.

Kurz & knapp

schwer · 48 km · 250 Hm · 3 Std.

Ausgangspunkt
Trient

Endpunkt
Riva del Garda

Sehenswertes
Der Gardasee

Einkehr
Pizza-Empfehlung: Bella Napoli in Riva; Eis: Gelateria Etabeta

Unterkunft
Camping Brione

Der Etschradweg hinter Trient, einfach malerisch

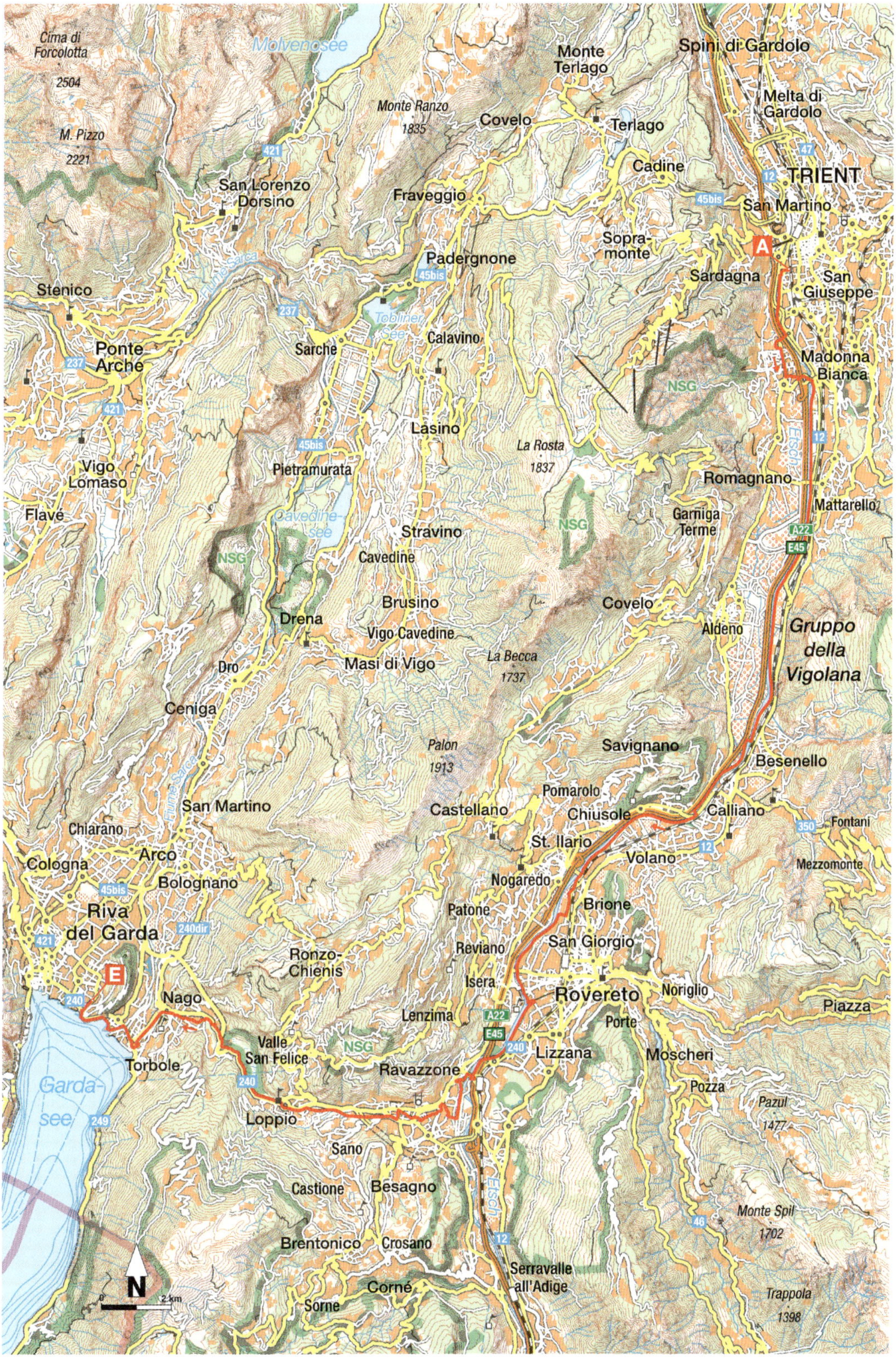
Cima di Forcolotta
2504
M. Pizzo
2221
Molvenosee
Monte Ranzo
1835
Covelo
Monte Terlago
Terlago
Spini di Gardolo
Melta di Gardolo
Cadine
TRIENT
San Martino
San Lorenzo Dorsino
Fraveggio
Padergnone
Sopra-monte
Sardagna
San Giuseppe
Stenico
Toblinersee
Calavino
Sarche
Ponte Arche
Madonna Bianca
NSG
Lasino
La Rosta
1837
Vigo Lomaso
Pietramurata
Romagnano
Flavé
Cavedinesee
Garniga Terme
Mattarello
Stravino
Cavedine
Brusino
Covelo
Drena
Vigo Cavedine
Aldeno
Gruppo della Vigolana
Masi di Vigo
La Becca
1737
Dro
Ceniga
Palon
1913
Savignano
Besenello
Pomarolo
San Martino
Castellano
Chiusole
Calliano
Fontani
Chiarano
St. Ilario
Arco
Volano
Cologna
Mezzomonte
Bolognano
Nogaredo
Riva del Garda
Brione
Patone
Reviano
San Giorgio
Ronzo-Chienis
E
A
Isera
Nago
Rovereto
Noriglio
Piazza
Lenzima
Porte
Valle San Felice
Lizzana
Moscheri
Torbole
Ravazzone
Pozza
Gardasee
Loppio
Pazul
1477
Sano
Castione
Besagno
Etsch
Monte Spil
1702
Brentonico
Crosano
Serravalle all'Adige
Corné
Trappola
1398
N
Sorne
2 km

WC

MÜNCHEN-VENEZIA-RADWEG ÜBER ACHENPASS

Transalp-VARIANTE

TRANSALP VARIANTE ETAPPE 1

V1

Grenzüberquerung – von Penzberg an den Achensee

Da uns die Transalp an Pfingsten sehr gut gefallen hatte, wollten wir die Strecke im August gleich noch einmal fahren, aber in abgewandelter Form. Es reizte uns sehr, nicht den üblichen Einstieg ins Inntal über den Fernpass zu nehmen, sondern diesmal über Lenggries, am Achensee entlang, über Innsbruck nach Imst zu radeln und von da aus dann, wie gehabt, über die Norbertshöhe ins Vinschgau hinein.

Mitte August geht es wieder los. Wir starten morgens relativ zeitig und verlassen Penzberg in Richtung Bad Tölz. Die ersten Kilometer sind sehr zäh. Wir sind seit acht Wochen nicht mehr mit Gepäck gefahren und K1 hat sein Fahrrad generell selten bewegt. Außerdem geht es bis hinter Bad Heilbrunn nahezu permanent leicht bergauf.

Wir rollen am Blomberg vorbei und dann hinunter nach Bad Tölz. Erst einmal geht es durch die Stadt, und dann bahnen wir uns unseren Weg zum Isarradweg hinunter. Der Isarradweg ist wunderschön, wie immer. Die Isarauen bei Bad Tölz wirken jedes Mal wie aus einer anderen Welt und wir sind eine gute Stunde nach der Abfahrt von daheim schon im Urlaubsmodus. Die Sonne scheint und wir begegnen vielen anderen Radreisenden. Das Highlight ist eine große Familie auf zwei Tandems, die uns entgegenkommt.

Kurz vor dem Sylvensteinsee geht es durch den Berg hindurch.

Insgesamt sind sie sogar mit vier Kindern unterwegs. Die Route, der wir hier für die ersten zwei Etappen folgen, ist offiziell Teil des München-Venezia-Radwegs, sodass man dieser Beschilderung gut folgen kann. Hinter Arzbach müssen wir die Isar einmal überqueren und parallel zur Lenggrieser Straße fahren. Der Abschnitt ist deutlich schattiger, was uns an diesem heißen Augusttag sehr entgegenkommt. K3 ist bereits auf dem Lastenrad eingeschlafen und liegt auf der vor ihr befestigten Tasche. Als K2 Pausen-Bedarf anmeldet, suchen wir uns einen Spielplatz in Lenggries aus und Peter besorgt ein paar Mittagssnacks im Supermarkt nebenan. Waren wir auf unserer ersten Reise noch komplett bepackt mit Lebensmitteln losgeradelt, wollten wir diesmal das Gepäck ein wenig reduzieren. Ich freue mich, dass wir nach 26 Kilometern bereits wieder einen guten Reiserhythmus gefunden haben. Nachdem wir uns ausgeschaukelt

Gestauter
Isar-Arm

haben und unsere Energiereserven mit Brezn und Saft aufgefüllt sind, geht es hinauf zum Sylvensteinsee. Zehn Kilometer folgen wir dem Radweg, immer an der Isar entlang, immer parallel zur B 13 oder an ihr entlang. Hin und wieder gibt es kleinere Anstiege, aber keine, die uns an unsere Kräfte bringen.

Dann kreuzen wir die B 13 mittels einer Brücke und lassen sie unter uns. Zwei Kilometer geht es nun stetig bergauf. Der letzte Anstieg ist dann noch mal relativ knackig, aber auch sehr beeindruckend, denn der Radweg schmiegt sich hier direkt an den Fels und mündet in einen Tunnel. Wir rollen durch den Tunnel, jaulen einmal wie ein Rudel Wölfe, und dann sehen wir auch schon den Sylvensteinsee. Mit einem famosen Ausblick machen wir hier noch mal eine kleine Snackpause.

Danach geht es auf das letzte Etappendrittel des Tages hinunter zum Achensee. Da wir uns mit der Strecke und den Autos nicht sicher sind, wechselt K2 ab hier aufs Lastenrad. Der München-Venezia-Radweg führt an diesem Punkt südlich des Stausees entlang. Wir entscheiden uns hier dagegen, da uns der Umweg zu groß erscheint. Es gibt an dieser Landstraße einmal nach vier Kilometern und einmal nach weiteren zwei Kilometern einen Radwegabschnitt, der uns in den Wald hineinführt. Es geht auf losem Geröll teils steil bergab und genauso steil wieder bergauf. Während Peter diese Abschnitte mit seinem E-Lastenrad noch halbwegs bewältigen kann, müssen K1 und ich quasi durchgehend schieben und verlieren unnötig Kraft. Als wir nach 47 Kilometern aus dem Wald wieder auftauchen und die Grenze zu Österreich erreichen, kommt auch K1 an die Grenzen seiner Kräfte. Wir päppeln ihn mit Spezi und Müsliriegel auf und ein wenig Gepäck wechselt die Räder. Für die letzten zwölf Kilometer versprechen wir uns, auf Asphalt zu bleiben.

Die nächsten drei Kilometer sind wieder ein feiner Radweg am alten Grenzübergang entlang. Bei Achenwald jedoch entschließen wir uns auf der Schnellstraße zu bleiben, statt der Beschilderung des München-Venezia-Radwegs zu folgen, um ein paar Höhenmeter und auch Schotter zu sparen. Die Passstraße selbst ist gut ausgebaut und wir kommen die letzten Höhenmeter nach Achenkirch gut voran.

Schließlich haben wir es nach knapp 60 Kilometern endlich geschafft. Wir stehen am Achensee an einem herrlichen Strandbad. K2 und K3 verschwinden unmittelbar

Spielplatz-Pause in Lenggries

Auf den letzten Metern wird es noch mal steil.

Kaffee mit Bergblick

Die Morgensonne kommt zwischen den Bergen durch.

nach dem Zeltaufbau auf dem Wasserspielplatz und K1 und ich versuchen im See zu baden, doch der Achensee ist mindestens so unfassbar kalt, wie er schön ist. Mit dem Gefühl, ein ganzes Stück Arbeit hinter uns zu haben, stellt sich mit dem Blick auf See und Berge unmittelbar ein großartiges Urlaubsgefühl ein.

Fazit zum Achenseepass: Passstraßen mit dem Fahrrad zu befahren ist, genau wie bei jeder anderen Straße auch, nie ganz ungefährlich, vor allem nicht mit Kindern. Daher sind wir an einigen Stellen, wo es möglich war, den Schotter-Fahrradweg gefahren. Diese Abschnitte möchte ich an diesem Punkt nicht weiterempfehlen und nehme sie auch nicht in den GPS-Track auf. Wir haben das Glück, K2 und K3 sicher auf dem E-Bike transportieren zu können, wenn wir die Strecke und das Verhalten von Autofahrer*innen nicht einschätzen können, daher trauen wir uns prinzipiell erst mal jede Straße zu. Der Pass zum Achensee hin wird tatsächlich gerade im Sommer so stark von Radler*innen frequentiert, dass es ein angenehmes, sicheres Fahrgefühl schafft. Unsere Sorgen waren also relativ unberechtigt. Im Nachhinein betrachtet, würde ich persönlich diesen Pass allen Fahrvarianten des Fernpasses vorziehen.

Kurz & knapp

schwer

60 km

600 Hm

4 Std.

Ausgangspunkt
Penzberg

Endpunkt
Achenkirch

Sehenswertes
Sylvensteinstausee

Spielplatz
In Lenggries an der Isarbrücke

Einkehr
Pizza-Empfehlung: Bar SeeEck Achensee

Unterkunft
Der Alpen Caravan Park im Norden des Achensees ist für Kinder ein Paradies.

Der riesige Spielplatz, der Wasserspielplatz und der Indoor-Spielplatz lassen Kinderherzen höher schlagen. Dementsprechend beliebt und voll ist die Anlage natürlich auch.

Dieser Platz war für uns übrigens der erste Platz, an dem wir tatsächlich nicht mehr auf der Zeltwiese untergebracht werden konnten. Dennoch wurde ein kleines Fleckchen Wiese für unsere Zelte gefunden.

Traumwetter nach nächtlichem Regenguss

Bachbauer
Königsdorf
Mooseurach
Quarzbichl
Schönrain
Fischbach
Hohenbirken
Penzberg
A
Mürnsee
Bad Heilbrunn
Oberfischbach
BAD TÖLZ
Sachsenkamm
Ober-warngau
NSG Ellbach- und Kirchseemoor
Schaftlach
Ellbach
Reichers-beuern
Waakirchen
Greiling
Hauserdörfl
Gmund
Marienstein
Gaißbach
Stallauer Eck
1213
Wackersberg
Untergrieß
Tegernsee
Bichl
Rechelkopf
1330
Rain
Arzbach
Obergries
Bad Wiessee
Benediktbeuren
Hochtannenkopf
1184
Bairahof
Huder
1382
Gschwendt
Brandenberg
1031
Kesselkopf
1248
Gilgenhöfe
Lenggries
Kochel
Glaswand
1496
Belgenstein
1518
Wegscheid
Silberkopf
1540
Schwarzeck
1382
Hirschhörnlkopf
1515
Hoher Stein
796
Breitenkopf
1327
Jachen
Isar
Jachenau
Walchensee
Staffel
1532
Sylvensteinspeicher
Mitterberg
1311
Fall
Roßkopf
1130
Juifen
1987
DEUTSCHLAND
Achenkirch
Kälbereck
1757
Fermerskopf
1851
Larchköpfl
1418
E
ÖSTERREICH
Heimjoch
1871
Juchtenkopf
1826
Achensee
N
0
2 km
11
13
181
307
318
472

TRANSALP VARIANTE ETAPPE 2

V2

Runter zum Inn und durchs Tal – von Achenkirch nach Hall in Tirol

Nach einem herrlichen Pausentag am Achensee mit Wasserspielplatz und Tretbootfahren geht es für uns wieder aufs Rad.

Die ersten zehn Kilometer führen uns am fantastischen Achensee entlang. Der Radweg führt direkt am Ufer entlang und ist wirklich ausgezeichnet zu fahren, auch wenn es teils ein wenig voll ist. Am Südufer des Sees machen wir unsere erste Snackpause des Tages. In einer kleinen Bucht beobachten wir die Enten und Blässhühner und in der Ferne die Wassersportler, die am Achensee in verschiedenen Sportarten auf ihre Kosten kommen.

Wir folgen der Beschilderung des München-Venezia-Radwegs und fahren südlich von Maurach an den Gleisen entlang. Nach drei Kilometern erreichen wir eine Kapelle und die Bahnhaltestelle »Eben am Achensee«. Die Kinder machen uns auf die spannenden Gleise aufmerksam und tatsächlich stellen wir fest, dass hier eine Zahnradbahn hinauffährt. Für unseren nächsten Besuch am Achensee wird eine Fahrt mit der Bahn eingefordert. Dann machen wir uns an die Abfahrt ins Inntal. Über sechs Kilometer geht es hinunter zum Inn. Dabei überwinden wir 440 Höhenmeter, haben also teils steile Abstiege dabei.

Da wir auf dem Radweg bleiben möchten, fahren wir auf Schotter in den Wald hinein. Ein Schild warnt uns, dass aufgrund von Regenfällen die Strecke teils nicht befahrbar sein kann, doch wir sind optimistisch, dass eine Familie, die den Fernpass geradelt ist, auch hier herunterkommen wird.

Dadurch, dass die Strecke relativ steil und grob geschottert ist, steigt K2 bald von ihrem Rad ab und geht zu Fuß weiter. Ich rolle langsam hinab, Peter und K1 kommen ebenfalls gut voran. Alle paar Meter läuft jemand zurück und holt das Rad von K2. Wir rollen so gut es geht und nach einigen Metern ist der Schotter dann auch wieder für K2 befahrbar. Nach etwa zwei Kilometern kommen wir dann wieder auf Asphalt und rauschen hinunter nach Wiesing und weiter hinab zum Inn.

Die nächsten zehn Kilometer bleiben wir nun auf dem Radweg am Inn, ehe wir in

Gut zu wissen …

Wer in Schwaz strandet, kann hier das Silberbergwerk besuchen, das den Ort ab dem Spätmittelalter zu einer reichen Bergbaumetropole gemacht hat.

Segelboot auf dem Achensee

Am Achensee entlang

Auch K3 fährt zwischendurch selbst.

Schwaz zur Mittagspause anhalten. Im Schatten vor einem Einkaufszentrum machen wir Rast und erholen uns von der Hitze. Die Sonne scheint heute so stark, dass wir häufig nachcremen müssen. Anschließend verlassen wir Schwaz wieder auf dem München-Venezia-Radweg mit Kurs auf Innsbruck. Der Radweg führt uns nun durch viele Felder und es macht allen viel Freude, zwischen den Feldern mit dem hohen Mais zu radeln.

Nach 34 Kilometern erreichen wir eine Stelle, an der wir gut an den Inn kommen und ein wenig im Schatten verschnaufen können. Die Hitze macht uns jetzt im August deutlich mehr zu schaffen als auf unserer Reise an Pfingsten. K1 und K2

Abendprogramm: Kettenpflege

gehen bereits dazu über, sich gegenseitig mit ihren Wasserflaschen nass zu spritzen und K3 setzen wir nach dieser Pause vorerst wieder in den Anhänger, damit sie nicht in der prallen Sonne sitzen muss.

Hinter Terfens überqueren wir wiederum den Inn und folgen der Radwegbeschilderung nach Wattens, wo sich auch die Swarovski Kristallwelten befinden. In Wattens selbst müssen wir ein Stück an befahrenen Straßen fahren, erreichen dann aber schnell wieder eine ruhigere Nebenstraße. Dann geht es auf einen asphaltierten Radweg, der uns die nächsten 4,5 Kilometer zwischen Inn und Autobahn nach Hall hinüberführt. Dieser Abschnitt beflügelt uns noch mal, da wir endlich im Schatten radeln können, und K2 holt alles aus ihren Beinen raus.

Über den hölzernen Innsteg und durch eine Unterführung geht es nach Hall hinein. Nach weiteren 1,5 Kilometern im Stadtverkehr haben wir dann endlich unseren Campingplatz erreicht.

In der Abendsonne machen wir einen Spaziergang in die unfassbar schöne Altstadt von Hall. Die umliegenden Berge leuchten in der Abendsonne und die abendliche Pizza (in der Geisterburg) sowie das Eis (Gelateria Tomaselli) schmecken heute besonders gut.

Um einen Pausentag mit Ausflug nach Innsbruck einzulegen, ist Hall der passende Ort. Nur zehn Kilometer sind es von hier aus nach Innsbruck, wo ihr mit den Kindern einen spannenden Tag im Alpenzoo und auf verschiedenen Spielplätzen verbringen könnt.

Kurz & knapp

schwer | 51 km

190 Hm | 3 Std.

Ausgangs
Achenkirch

Endpunkt
Hall in Tirol; Eis: Gelateria Tomaselli

Sehenswertes
Silberbergwerk Schwaz

Spielplatz
Spielplatz in Wattens

Einkehr
Pizza-Empfehlung: Restaurant Geisterburg Hall in Tirol

Unterkunft
Der Campingplatz am Schwimmbad in Hall ist auf den ersten Blick eher spartanisch und klein, doch gerade die Zeltwiese hat uns sehr gut gefallen. Zwar gibt es keinen Spielplatz unmittelbar auf dem Platz, aber dafür sind die Preise angemessen und wir sind mit vielen anderen Radreisenden ins Gespräch gekommen.

Innsbruck ist immer einen Pausentag wert!

DEUTSCHLAND
ÖSTERREICH
Achenkirch
Grünkopf
1291
Hochunnutz
2075
Steinberg am Rofan
Kl. Rhonkopf
1476
Kafell
1906
Larchköpfl
1418
Schönalmjoch
1986
Grasberg
2020
Seekarspitze
2053
Achensee
Rofanturm
2150
Klobenjoch
2041
Plumsjoch
1921
Rotspitz
2067
Pertisau
Falzthurnjoch
2150
Steinfalk
2348
Maurach
Sonnjoch
2458
Stanser Joch
2102
Wiesing
Lunstkopf
2142
Jenbach
Dreizinkenspitze
2602
Mitterkarlspitze
2418
Maurach
Inn
Buch
Brantlspitze
2626
Stans
Gallzeln
Vomperbach
Sunnschartspitze
1982
Schwaz
Gerstkopf
1714
Vomp
Hüttenspitze
1858
Gnadenwald
Terfens
Kreuzjoch
2343
Pill
Absam
Fritzens
Weer
Baumkirchen
Kolsass
Weerberg
HALL in Tirol
Wattens
Volders
Kolsassberg
Nonsjöchl
2028
Sonntagsköpfl
2244
Klein-volderberg
Wattenberg
Tulfels
Groß-
Rote Wand
2217
Rinn
Roßlaufspitze
2248
Pfaffenbichl
2431
Sagspitze
2401
N
0
2 km
A
E
181
171
A12
E45
E60

TRANSALP VARIANTE ETAPPE 3

V3

Zu den Apfelplantagen – von Hall in Tirol nach Imst

Unsere bisher längste Etappe beginnen wir früh. Da wir heute mehr als 70 Kilometer vor uns haben, starten wir mit K2 und K3 auf dem Lastenrad und etwas Tempo. Dass wir als Familie noch nie so weit am Stück gefahren sind, ist ein wenig aufregend, doch wir sind sehr optimistisch und haben in Imst bereits einen Stellplatz reserviert.

Die ersten zehn Kilometer nach Innsbruck hinüber sind schnell geschafft und in Innsbruck selbst ist es wunderbar zu radeln. Die Infrastruktur mit dem zentralen Radweg am Inn ist für Radfahrer*innen einfach ein Traum.

Hinter der Großstadt geht es dann immer zwischen Inn und Autobahn entlang. Die Nähe zur Autobahn stört ein wenig unser Idyll, doch als K3 plötzlich die Hose voll hat, sind wir froh, dass der Radweg an einen Autobahnrastplatz angeschlossen ist und wir fließendes Wasser zur Verfügung haben. Nach ziemlich genau 20 Kilometern machen wir also die erste Pause des Tages und sind sehr beruhigt, innerhalb einer Stunde so viel Strecke gemacht zu haben. Für Peter und mich gibt es erst mal einen Kaffee, den wir heute früh ausgelassen haben, um schnell loszukommen. Und für die Kinder gibt es Schoko-Croissants.

Danach fährt K2 vorerst selbst weiter. Fünf Kilometer später finden wir bei Zirl einen Supermarkt, in dem wir für unser Mittagessen einkaufen. Danach geht es ein wenig abseits der Autobahn zwischen Feldern entlang. Die Sonne scheint schon wieder sehr stark und wir machen nach 35 Kilometern bereits eine Extrapause im Schatten, um uns noch einmal einzucremen. K2 macht sich mal wieder nass und setzt sich dann gut gelaunt aufs Rad, denn ihr persönliches Ziel ist nun der Apfelspielplatz in 20 Kilometern Entfernung. Wir radeln also weiter am Inn entlang und unser großes Glück ist die Bahnstrecke, die uns dann und wann einen Zug vorbeischickt, der K3 jedes Mal in helle Aufregung versetzt.

Irgendwann kommen wir an einem wunderschönen Hof mit alten Obstbäumen vorbei. Wir entdecken einen Brunnen mit Trinkwasser, der direkt am Radweg liegt, und nutzen unsere Chance, die Wasserflaschen aufzufüllen. Im Juni hatten wir zusätzlich zu unseren Flaschen noch einen Wassersack dabei, den wir nie benutzt haben. Jetzt, im August, hätten wir ihn eher gebrauchen können.

Nach knapp 50 Kilometern wechseln wir bei Mötz die Seite des Inns und nun wird die Strecke auch für unsere Kinder wieder spannender, denn einen Kilometer später

Im Inntal ist die (Radel-)Welt noch in Ordnung.

begegnen uns wilde Gämsen auf unserem Weg. Aus der Ferne denken wir noch an Rehe, doch dafür sind die Tiere zu klein und gar nicht scheu genug. Und dann sind plötzlich alle aus dem Häuschen, sogar das große K1. Denn für diese Momente fahren wir mit dem Rad und nicht mit dem Auto. Um stehen bleiben und innehalten zu können, wann immer wir mögen.

Rechts von uns ist nun Fels und wir treffen auf einige Kletterer, die hier unterwegs sind. Schließlich, nach 55 Kilometern und einigen Apfelbäumen, erreichen wir unser heutiges Highlight, den Apfelspielplatz von Haiming. Um diesen Ort vollkommen schätzen zu können, muss man einfach auf Radreise mit Kindern sein. Nur dann weiß man den Schatten, die Sitzmöglichkeiten, die E-Bike-Ladestation, die kleine Fahrradwerkstatt und all die famosen Spielgeräte komplett zu würdigen. Wenn ich heute die Kinder frage, an welche Orte sie auf der Reise am meisten denken, dann ist dieser hier einer davon. Peter kocht uns ein spätes Mittagessen im Schatten und die Kinder toben wild umher. K2 lernt etwas über Apfelsorten und kann am Ende vier verschiedene Arten unterscheiden. K3 und ich genießen die bequeme Schaukelbank. Als wir wieder weiterradeln, sind wir alle glücklicher als zuvor.

Unsere letzten 18 Kilometer haben es dann noch mal in sich. Den ganzen Tag über hatten wir kaum Höhenmeter überwinden müssen und nun, auf dem letzten Stück, steht einiges an.

Unmittelbar hinter Magerbach geht es mit 6 % Steigung ein gutes Stück bergauf. K1 und K2 fahren voran, mir machen mein voller Bauch und das Gepäck zu schaffen. Hinter Schlierenzau kommen wir dann auf einen Radwegabschnitt, den ich als das schönste Stück der Reise bezeichnen würde. Zwischen Kiefern, Birken und Moosen radeln wir oberhalb des Inns durch eine hügelige Landschaft. Dann überqueren wir den Inn, der hier in einer wunderbaren Schlucht liegt und viele Badegäste anzieht. Doch zum Baden fehlt uns mittlerweile die Motivation, wir wollen nur noch ankommen.

Also aus der Schlucht wieder rausradeln, K2 und ich schieben, doch K1 schafft es tatsächlich irgendwie sein vollbepacktes Rad bei 9 % Steigung den Berg hinaufzuprügeln. Danach geht es an der Straße entlang nach Roppen und über eine Holzbrücke abermals über den Inn. Die letzten fünf Kilometer auf dem Innradweg nach Imst sind dann die entspanntesten.

Der Apfelspielplatz in Haiming, eine echte Oase

Ein Pausentag in Imst lohnt sich sehr!

Früh aufstehen für lange Etappen – gar nicht beliebt!

Unter freiem Himmel gekocht, schmeckt's halt am besten!

Kurz & knapp

schwer | 72 km | 370 Hm | 4.30 Std.

Ausgangspunkt
Hall in Tirol

Endpunkt
Imst

Sehenswerts
Rosengartenschlucht,
Hochimst

Spielplatz
Apfelspielplatz Haiming

Einkehr
Pizza-Empfehlung:
Restaurant Va Bene Imst

Unterkunft
Campingpark Fink

Wasserpistolen gehören offensichtlich doch auf jede Packliste!

Die Sonne scheint nicht mehr so arg, es ist keine große Straße in der Nähe und das Ziel liegt bereits in der Luft. Vom Imster Bahnhof müssen wir nur noch nach Imst hochradeln, doch diese letzten Höhenmeter schaffen wir dann auch noch. Auf dem Campingplatz angekommen, bekommen wir für unsere Zelte den schönsten Platz mit Blick ins Pitztal. Was für ein fabelhafter Tag.

Resumee: Ab Imst sind wir dann, wie bereits an Pfingsten, weiter auf der VCA (Via Claudia Augusta) bis nach Bozen gefahren. Diese Strecke macht einfach unfassbar viel Freude.

Vor allem, wenn man sieht, wie selbstbewusst und souverän die Kinder waren, als sie die Strecke dann wiedererkannten. Der Unterschied zwischen klassischer Transalp

(Penzberg – Riva) und unserer zweiten Reise (Penzberg – Inntal – Bozen) war, dass wir uns mehr Pausentage gegönnt haben und somit noch mehr erleben konnten.

Am Achensee waren wir baden, in Innsbruck im Zoo, in Imst sind wir durch die Rosengartenschlucht gewandert, in Prutz waren wir im Serfaus Sommerland. Es ist toll, dass wir uns und den Fähigkeiten unserer Kinder soweit vertrauen können, dass wir nicht mehr so vorsichtig planen müssen, aber diese Gewissheit kommt mit der Erfahrung.

Ich möchte an dieser Stelle einfach noch einmal alle Fahrradfamilien ermutigen, sich auf diese Reise zu begeben. Eure Kinder schaffen mehr, als ihr denkt.

Und ihr ebenso!

Register

Perfekt bepackt meistern wir (fast) jeden Weg!

Impressum

Verantwortlich: Julia Bobinger, Sabine Klingan
Lektorat: Christian Schneider
Covergestaltung: Mathias Frisch
Reihengestaltung und Layout: Anna Lena Ibiş
Repro: LUDWIG:media
Kartografie: Bruckmann Verlag GmbH, Heidi Schmalfuß
Herstellung: Bettina Schippel

Printed in Poland by CGS Printing

★ ★ ★ ★ ★

Sind Sie mit diesem Titel zufrieden? Dann würden wir uns über ihre Weiterempfehlung freuen.
Erzählen Sie es im Freundeskreis, berichten Sie Ihrem Buchhändler, oder bewerten Sie bei Onlinekauf. Und wenn Sie Kritik, Korrekturen, Aktualisierungen haben, freuen wir uns über Ihre Nachricht an Bruckmann Verlag, Postfach 40 02 09, D-80702 München oder per E-Mail an lektorat@verlagshaus.de.

Unser komplettes Programm finden Sie unter: www.j-berg-verlag.de

Empfehlung der Redaktion
Sie sind auf der Suche nach weiterführender Literatur? Dann empfehlen wir Ihnen den Titel »Das große Kinder-Wander-Erlebnis-Buch Oberbayern« (ISBN 978-3-86246-777-8).

Bildnachweis
Alle Bilder im Innenteil stammen von der Autorin.
Umschlagvorderseite: Oben: Blick auf den herrlich türkisen Sylvensteinstausee (Tour V1, AdobeStock). Unten: Im Fahrradparadies Oberbayern ist für jede Beinlänge die passende Tour dabei. (Manuela Hochbaum)
Umschlagrückseite: Kleiner Foto-Stop am Inn kurz vor Prutz (Tour T3, Manuela Hochbaum)
Illustrationen: Die Illustrationen stammen von: Shutterstock, Inc./3d_kot, Alexandr III, Aluna1, Christos Georghiou, dashadima, GraleDesign, GraphicsRF.com, Gvardgraph, home_sweet_home, Iconic Bestiary, Ilya Oktyabr, iswenyi, Kuznetsova Darja, Nadiyka U, notkoo, hukas, Remo_Designer, Sketch Master, SpicyTruffel, Sundry Studio, SunshineVector, TebNad, VectorShow, Volha Shaukavets, Yauheniya_Bandaruk, Yuliia Blinova

Die Deutsche Nationalbibliothek verzeichnet diese Publikation in der Deutschen Nationalbibliografie; detaillierte bibliografische Daten sind im Internet über http://dnb.d-nb.de abrufbar.

Infanteriestraße 11a
80797 München

ISBN 978-3-86246-778-5